FERNANDO JIMÉNEZ HERNÁNDEZ-PINZÓN

Complejo de Inferioridad
(Enfoque Terapéutico
y Psicoeducativo)

*TEORÍA Y PRÁCTICA
DE LA PSICOLOGIA INDIVIDUAL
DE ALFRED ADLER*

INDICE

PRESENTACIÓN

PARTE I: TEORÍA Y EPISTEMOLOGÍA

PARTE II: DOCUMENTOS

6

PRÁCTICA 3ª: SOBRE LA *FICCIÓN DIRECTRIZ*

EJERCICIO 1º: Identificación de Metas
Vitales
EJERCICIO 2º: Sobre Valores e Intereses

PRÁCTICA 4ª: SOBRE *MECANISMOS DE DEFENSA* INTERPERSONAL

Clasificación fenomenológica de los Mecanismos de Defensa Sociales:

a) Reacciones impulsivo-expansivas
b) Reacciones expansivo-narcisísticas
c) Reacciones restrictivo-obsesivas
d) Reacciones restrictivo-narcisistas
e) Reacciones impulsivo-narcisistas

EJERCICIO: Clasificando comportamientos en el ámbito escolar

PRÁCTICA 5ª: SOBRE EL *SENTIMIENTO DE COMUNIDAD*

EJERCICIO 1: Test de Integración yPertenencia

EJERCICIO 2: Sociabilidad y Dominancia

EJERCICIO 3: Cualidades operativas del *Sentimiento de Comunidad*

PRÁCTICA 6ª: ESTUDIO DE CASOS

CASO I
CASO II

PRACTICA 7° 1°. TEST AUTODIAGNOSTICO DEL *COMPLEJO DE INFERIORIDAD*

2°. TEST *PSICODETECTOR*

3° TEST DE ROTTER

PRACTICA 8° INTROSPECCCION AUTOBIOGRFICA

PRÁCTICA 9ª : Actitudes y Estilos de Vida Personales en el afrontamiento de conflictos y problemas humanos

Para Julia.
Para Julia Victoria.

PRESENTACIÓN

El concepto de *Complejo de Inferioridad*, descubierto, estudiado y definido por *Alfred Adler*, desde 1907, a partir de su obra *"Estudio sobre la inferioridad de los órganos"*, es probablemente el más popular y más universalmente adoptado y reconocido entre todos los fenómenos de la gnoseología psicopatológica. Aunque se configura como una *patología menor*, está en la base de muchos problemas educativos, de mucho sufrimiento humano y de muchas enfermedades orgánicas y patologías psíquicas.. El libro contiene también la "Guía Adleriana de la Educación Infantil ", con ideas muy claras y elementales para la función psicoeducativa, aplicables tanto individualmente como en el ámbito familiar y en el escolar.

El Dr. **Fernando Jiménez H.-Pinzón,** nos ofrece con esta nueva obra una exposición clara, didáctica, esquematizada y completa del *Complejo de Inferioridad* y de algunos de sus derivados: El *Complejo de Superioridad,* el *Complejo de Víctima,* etc.

A través de *Prácticas* complementarias, nos proporciona también un *material de ejercicios,* de posible aplicación educativa, para descubrir y conocer la influencia de

11   11

este complejo en la determinación del propio *Estilo de Vida* y del de los demás, en la configuración de la *Personalidad* y en la clarificación de los *Objetivos Vitales*, que dinamizan nuestros deseos y condicionan nuestros comportamientos, muchas veces de modo inconsciente. Es especialmente interesante la Práctica en la que se estudia, se analiza y se clasifica minuciosamente los mecanismos de reacción con los que la persona se defiende de sus propios *sentimientos de inferioridad* dentro del ámbito de las relaciones interpersonales y sociales, aunque el ejercicio se centra en el ámbito escolar.

El concepto de **AUTOESTIMA**, que tanto interés despierta en estos tiempos, de algún modo se superpone al de Complejo de Inferioridad, aunque técnicamente el *nivel de la autoestima* es uno de los índices para valorar el Complejo de Inferioridad, enfocado éste desde una perspectiva más clínica y psicopatológica, pero teniendo siempre en cuenta la Autoestima como perspectiva psicoeducativa.

En definitiva, esta obra nos aporta un material valiosísimo para la subyugante tarea de *conocerse a sí mismo y a los demás,* así como para la organización de seminarios, talleres y sesiones de trabajo de contenido psicológico y psicoeducativo.

EL EDITOR

PARTE I

TEORÍA Y EPISTEMOLOGÍA DE PSICOLOGÍA DEL INDIVIDUO

ADLER Y EL COMPLEJO DE INFERIORIDAD

La elaboración de este concepto de *Complejo de Inferioridad* y el análisis clínico de esta patología se lo debemos fundamentalmente a Alfred ADLER, desde la experiencia de circunstancias sociobiológicas incidentes en el desarrollo psicoevolutivo del niño.

Medico Vienés, muerto 1937, Alfred Adler practica inicialmente la oftalmología. Entra en contacto con Freud en 1902 y empieza a orientar su actividad hacia la Psicología y la Psicoterapia, a través del Psicoanálisis. Se separa de Freud en 1911 y crea su propia escuela de Psicología y Psicoterapia conocida por *"Psicología Individual"*

Escribe de él Georg Markus[1], biógrafo de Freud:

---

[1] G. MARKUS, *Freud: El misterio del alma*

15

"El mundo conceptual de Adler estaba marcado por su propia y dificilísima infancia. A causa de su raquitismo, no pudo andar hasta la edad de cuatro años. Tuvo dos accidentes graves en su juventud. A consecuencia de ellos sufría ataque periódicos de ahogo y pensaba siempre que su muerte era inminente. En 1907, en su "Estudio sobre la Inferioridad de los Organos", propuso la tesis - extraída de su propia experiencia- de que los niños de constitución física débil compensan su fragilidad acentuando compensatoriamente sus puntos fuertes. Adler es, pues, el creador del término "Complejo de Inferioridad", aclimatado ya y usual en el vocabulario popular. Convertido al protestantismo, se distanció de Freud en 1911, al negar que la sexualidad fuera la única causa de la neurosis y que el "Complejo de Edipo" tuviera la importancia tan fundamental que Freud le atribuía. Los trastornos psíquicos no eran para él el resultado de una

16 16

"represión inconsciente". Al contrario, los interpretó como una fallida adecuación y adaptación al medio social del individuo."

Inicialmente, inmediatamente después de su ruptura con Freud, el movimiento de Adler se llamó *"Movimiento de Psicoanálisis libre",* y fue en 1912 cuando empezó a denominarse *"Psicología Individual".* Con este nombre quiso expresar su concepción de que, para la comprensión de la *estructura de la personalidad,* se necesita explorar la significación particular que las relaciones interpesrsonales *han tenido* (en el pasado) y *tienen* (en el presente) para cada individuo.

Según Adler, el individuo se entiende mejor considerado *holísticamente,* como un *ser total,* individual, singular, cuyos pensamientos, sentimientos y creencias siguen un *patrón de comportamiento constante y unificado,* y el

17 17

desarrollo de la personalidad individual evoluciona según un proceso activo que cada persona moldea de una forma única. Todo esto es lo que se encierra en la denominación de *PSICOLOGÍA INDIVIDUAL.*

LA INFERIORIDAD BIOLÓGICA

Todo el sistema de la *Psicología Individual* de Adler parte de una observación puramente biológica: La *facultad compensatoria* que existe en un organismo físicamente disminuido, desde la más primaria autocosciencia de su desenvolvimiento existencial. Hemos dicho que su primera obra fue el *"Estudio sobre las inferioridades orgánicas"*.

Después descubrirá las *formas de este esfuerzo vital compensatorio* para superar la incapacidad o las anomalías funcionales,

a) *Compensación por el mismo órgano*: Con frecuencia, Adler cita el ejemplo de Demóstenes, que atormentado por el sentimiento de inferioridad ocasionado por su *disartria funcional* (tartamudeo), logra superar su complejo y su deficiencia mediante una sistemática ejercitación fono-lingüística que le posibilita para

19

llegar a ser un gran orador.

b) *Compensación mediante otro órgano*: Caso de personas imposibilitadas para el uso de las manos, que aprenden a pintar, valiéndose de los pies o de la boca; o la persona ciega que especializa para su desenvolvimiento la agudeza olfativa o la del sentido del oído.

c) *Supercompensación por la estructura psíquica*: El caso, por ejemplo, de Tolouse Lautrec, que desde un organismo pequeño y tullido, desarrolla de tal modo la función creativa que llega a ser un pintor universalmente reconocido y valorado. Lo que supone que toda inferioridad desencadena una *actividad cerebral acrecentada*, que si se aprovecha propiciará un *mayor desarrollo de la estructura psíquica,* gracias a la cual un organismo originariamente inferior podrá llegar a ser superior de lo que hubiera sido sin inferioridad. Es el

20

20

caso del legendario Aquiles, desde la debilidad de su talón, o el caso de Pablo de Tarso desde su *"aguijón de la carne"*.

Afirma Adler: *"Tan pronto como aparece una sensación de inferioridad, comienza realmente el proceso de la vida del alma"*.[2]

Piensa R. Muchielli[3] que quizás tuvo Adler la sensación de haber encontrado la respuesta al problema de Darwin sobre la evolución de las especies: Precisamente la inferioridad zoológica del ser humano, ese *estado de inacabamiento* del humano en su nacimiento, en comparación al *equipamiento instintivo* y a la *rapidez de maduración* de otros animales recién nacidos, le da a la persona el *impulso evolutivo* que le llevará a *ser más* de lo que hubiera sido sin su experiencia vivencial de inferioridad.

---

[2] ADLER, *Conocimiento del hombre*
[3] R. MUCHIELLE, *Les complexes personnels*

21

EL *SENTIMIENTO DE INFERIORIDAD*

El sentimiento de inferioridad es, pues, el punto de partida de un dinamismo psico-biológico de superación por el que *"se estimula incesantemente nuestra actividad para alcanzar una seguridad mayor"*[4], afirma Adler, así como la *fuerza impulsora* de la que parten todos los afanes del niño.[5]

> La primera experiencia del ser en la existencia, que va a determinar todos sus dinamismos de autodesenvolvimiento, es una experiencia de *desvalimiento, de impotencia, de debilidad, de inmadurez, de insuficiencia de insignificancia, de dependencia, de menesterosidad.*

---

[4] A. ADLER, *El Sentido de la Vida*
[5] A. ADLER, *El Conocimiento del Hombre*

       23

Su relación, *necesariamente asimétrica,* con los que le rodean lo han fijado en esa experiencia vital, la misma que en el sistema posterior de *"Análisis Transaccional"* (A.T.) se formula en la *posición existencial "Yo estoy mal, tú estás bien".* En cuanto que ese *Tú,* que inicial y primordialmente son los padres y personas que le rodean, le representa *el valimiento* frente a su desvalimiento, *el poder* frente a su impotencia, *la fuerza* frente a su debilidad, *la importancia* frente a su insignificancia.

Esta vivencia primaria de inferioridad se hace sensible desde tres condiciones de la esencia infantil:

1. Su pequeñez física, *"que le obliga constantemente a mirar hacia arriba"*[6] al posicionarse frente a los demás.

2. Su debilidad corporal.

---

[6] R. ALLERS, *Naturaleza y Educación del Carácter*

3. La limitación de sus conocimientos.

A partir de esta primera experiencia, alertado por la fuerza biológica del *Instinto de Conservación*, el niño, ser humano en proceso de evolución, va a movilizar todas sus energías en una dirección fundamental : hacerse valer, superar la inmadurez, autoafirmarse en la existencia, realizar todas sus potencialidades, autorealizarse. Según Adler este es el origen y el *objetivo direccional* de toda actuación y realización humana.

Su proceso evolutivo de maduración personal va a consistir en ir contrapesando -a través de la experiencia de sus propios logros- su insuficiencia, su necesidad de dependencia y su relación asimétrica con los demás, en consciencia de su posible y progresiva autosuficiencia: *"Yo estoy OK", tú estás OK",* siguiendo la fórmula del A.T..

26

LA *VOLUNTAD DE PODER*

> A la organización dinámica de todas estas energías psicobiológicas, orientadas a la superación de a la propia experiencia de impotencia y a la realización de todas las propias potencialidades, la denomina Adler, adaptando a su concepto el término de Nietzche, VOLUNTAD DE PODER, que fundamenta toda la Teoría de su "Psicología Individual"..

La *Voluntad de Poder* ha sido y es, para Adler, *"el mayor resorte que saca el ser humano de su estado de incultura primitiva y lo pone en situación de producir todas las creaciones de la cultura, la técnica y la ciencia"*[7]

Esta Voluntad de Poder, que otros autores

---

[7] ALLERS, *Naturaleza y educación del carácter*

han denominado *instinto de perfección, o instinto de superación,* o *dinamismo psicobilógico de autoafirmación en la existencia* o *de autovalimiento,* tiene una doble referencia cognitiva y afectiva: una es *individual* y otra *social.*

Individual: El **Sentimiento de inferioridad**
Social: El **Sentimiento de Comunidad**

El *Sentimiento de Inferioridad* es normal, realista, empírico, cognitivamente ajustado: originado en la experiencia existencial de la propia inferioridad e insuficiencia ante la ingente tarea que plantea la vida, moviliza las energías, con todo el ímpetu y la insistencia del *Instinto de Conservación Individual,* hacia la superación de las insuficiencias, las inseguridades y los límites de la contingente condición humana. Bien orientado, puede ser un poderoso acicate que estimula a la persona, como al legendario Aquiles desde su débil talón, a superarse a luchar, a compensar sus deficiencias en una dirección sana, constructiva y autorealizadora.

El *Sentimiento de Comunidad*, que canaliza, en su referencia social, a la *Voluntad de Poder*, surge de la experiencia de que nadie podrá lograr su valimiento, la superación de sus propias insuficiencias de un modo insolidario: necesita de los demás para vivir, sobrevivir, y autorealizarse: es imprescindible vincularse, compartir, cooperar, comunicar, amar....

EL *ESTILO DE VIDA*

> El modo singular y particular con el que cada individuo organiza y moviliza las energías psicobiológicas de su Voluntad de Poder hacia su propio valimiento personal es lo que en la epistemología de Adler se llama ***Estilo de vida.*** Luego la finalidad de cada *estilo de vida* que nos caracteriza a cada uno es lograr la afirmación del propio *yo,* el propio valimiento, el triunfo personal frente a las limitaciones y pruebas de la vida.

"Es la estrategia personal que marca toda la existencia del YO en su tensión hacia una forma de poder o de superioridad"[8].

La finalidad de cada *estilo de vida* es la

---

[8] MUCHIELLI, *Les complexes personnels*

afirmación de propio Yo, la compensación de la inferioridad, la conquista del valimiento.

Cada *Yo* lo realiza de una manera típica, singular: Este será su *carácter*, reflejo de la *personalidad* de su Yo.

Carácter y Personalidad se producen dentro de una ecuación que no es la de *causa-efecto:* se han dado unos determinantes (genéticos, culturales, educativos, ambientales...) que han producido este *carácter* como expresión de esta *personalidad*. Por el contrario, se produce dentro de una ecuación de *medio-fin*: una persona adquiere este *estilo*, estas características singulares de personalidad, porque con ellas persigue un fin: su valimiento. Así se explican extraños o sorprendentes cambios de carácter, o de pautas de comportamiento, en una misma persona cuando actúa en un ambiente o en otro, o en épocas distintas de su vida: el retraído que, en otra época o en otro ambiente, actúa como expansivo; el tímido que se hace temerario; el prudente que sorprende por su descaro; el de costumbres reguladas que se entrega al desenfreno...Son, para Adler, distintos caminos adecuados, ocasionalmente, al fin que se pretende.

La *Personalidad*, y su reflejo en el *Carácter*, es el propio *estilo de vida* que cada *YO* organiza y construye, con la finalidad de compensar su *sentimiento de inferioridad* e insuficiencia y lograr su autovalimiento. Para Adler, en consecuencia, toda conducta está *teleológicamente* dirigida por una *ficción directriz*, que no siempre es consciente a la persona, pero que movilizará de un modo permanente todos los medios personales u ocasionales de la persona hacia la peculiar y singular consecución de su fin. Afirma Baudouin, interpretando a Adler:

"Para mí será conseguir ser el

primero siempre y en todas partes, (...) para otro será hacerse desear (...), para otro será seducir y dominar por el encanto (...), para otro será ser malo y neutralizar así las críticas, además de centrar a todo el mundo sobre sí."[9]

Pero es preciso insistir en que este proceso teleológico se puede conducir por una doble vía:

- por vía *narcisística* o
- por vía *comunitaria*

que darán lugar a dos tipos fundamentales de Personalidad *caracterizados* por los dos básicos *estilos de vida*:

La Personalidad o el Estilo de Vida *Narcisista*

---

[9] BAUDOUIN, *El alma infantil y el Psicoanálisis*

34

La Personalidad o el Estilo de Vida
Social

La *vía narcisística* llevará inevitablemente a la *neurosis*, la crisis, la enfermedad y los complejos. Para Adler, estos conflictos psicológicos representarán siempre un fracaso en la elección del *estilo de vida*, una compensación frustrada de los *sentimientos de inferioridad*, un bloqueo de las energías que sustentan la *voluntad de poder*, en el camino sin salida de la *vía narcisística*. Lo cual provoca una regresión, una vuelta al estado primario de insuficiencia, de dependencia y de asimetría frente a los demás, donde el *sentimiento de inferioridad* se sensibiliza y se descompensa en COMPLEJO DE INFERIORIDAD.

EL *COMPLEJO DE INFERIORIDAD*

"He tenido que esforzarme durante mucho tiempo antes de resolver el problema más importante, a saber: cómo se produce el COMPLEJO DE INFERIORIDAD a partir de un SENTIMIENO DE INFERIORIDAD y de sus secuelas físicas y psíquicas como consecuencia del choque con los problemas de la vida. A mi modo de ver (....) el COMPLEJO de inferioridad - es decir: el fenómeno que consta de las consecuencias del sentimiento de inferioridad y de su fijación forzosa- se explica por un déficit importante del SENTIMIENTO DE COMUNIDAD" [10].

Se trata, pues, de una fijación patológica del *Sentimiento de Inferioridad*, determinada y

---

[10] ADLER, *El sentido de la vida*

potenciada por el déficit del *Sentimiento de Comunidad.*

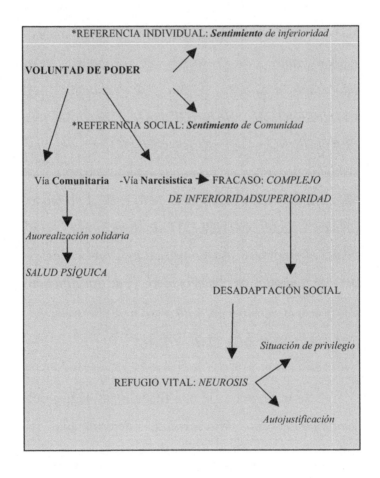

38

Según la teoría de Adler la Neurosis no es *solamente un mal que se padece*, es también una situación de privilegio, donde la persona se refugia, se defiende y se autojustifica.

La *Ficción Directriz* que opera, pues, en la *neurosis* contiene una doble *fantasía desiderativa*:

- La de conquistar mediante el propio sufrimiento el *privilegio* de la atención de los demás, su ayuda, su comprensión y su compasión.

- *Justificarse*, ante sí mismo y ante los demás de su insuficiencia, repulsa y negatividad al enfrentar los retos normales de la vida: estudios, profesión, trabajo, participación social, cuidado de hijos, respuestas al cónyuge etc.

DEFINICIÓN DE COMPLEJO DE INFERIORIDAD

> "*Núcleo inconsciente* (es decir: que opera fuera del control de nuestra consciencia), *no asimilado* (es decir: no aceptado por el Yo, no integrado en el proyecto vital del Yo), *que se manifiesta ante un problema o situación, para los que el individuo no se experimenta suficientemente preparado o adaptado, y expresa su convicción de que es incapaz de resolverlo o afrontarlo*"

Lo mismo que para Freud el *Complejo de Edipo* es de *Complejo Nuclear* de todas las neurosis y de los demás complejos, para Adler los demás complejos (culpabilidad, inseguridad, fracaso...y sus numerosas variantes: Complejo de *Cenicienta*, de *Peter Pan*, de *Diana Cazadora, de Jehova, etc.*) no son sino *configuraciones de la inferioridad esencial*

41

41

y del fracaso de los esfuerzos para compensar o superar esta inferioridad.

El *Complejo de Padre*, introducido en el Psicoanálisis por Jung, que es una mezcla de tres pares de sentimientos contrapuestos y, por lo tanto, conflictivos: *sumisión-rebeldía, resentimiento-culpabilidad, temeroso respeto-hostilidad* frente al propio padre, y transferido después a todo representante de la autoridad parental, se reduce para Adler a una *envidia del poder*, una protesta contra los obstáculos que el padre interpone a las iniciativas del niño, a la afirmación de su incipiente *Voluntad de Poder,* y a la libre realización de sus deseos egocéntricos y no socializados.

Una configuración característica de la *forma sensitiva* del Complejo de Inferioridad es lo que se ha llamado **Complejo de Víctima**: *"cara de perro apaleado"*, un intento de hacer fuerza de la propia

42

debilidad, de acaparar a los demás desde el reclamo de su debilidad y menesterosidad, de sustituir el amor (del que se siente incapaz o no merecedor) por *la compasión*, la cooperación por *el reclamo de ayuda*, la comunicación por *la demanda de escucha* de sus penalidades.

Hay que señalar que el Complejo nunca significa renunciamiento a la *Voluntad de Poder*, sino que supone un modo insolidario y no socializado de ejercerla, a través de mecanismos compensatorios y comportamientos manipulativos.

Es, pues, una *consciencia aguda de inferioridad, fijada patológicamente*, que se expresa en múltiples situaciones, frente a las que se reacciona con *mecanismos de evitación* o con *inhibición de respuestas,* pero acompañada necesariamente de una búsqueda de *compensación, imaginaria, inadaptada e irreal.*

43   43

Esto explica, por ejemplo, las actitudes de orgullo y superioridad en los tímidos, cuando estás delante de un espejo o ante personas valoradas como inferiores.

El deseo o impulso a superar a los demás es, en muchos casos, tan poderoso que, si una persona no puede satisfacerlo en la vida real, lo hará en sueños y fantasías, incluso llegar a *ideas delirantes narcisísticas*, imaginándose ser Napoleón o Cristo, que suponen una grave desviación de la realidad y la caída fatal en una *patología psicótica*.

SINTOMATOLOGÍA DEL *COMPLEJO DE INFERIORIDAD*

La Sintomatología más característica de la existencia operativa de un *Complejo de Inferioridad* podría reducirse a:

1. Afirmación o consciencia sensibilizada de incapacidad.

2. Timidez y desconfianza en sí

3. Desaliento ante las tareas, retos o pruebas.

4. Pereza: indolencia, pasividad, desgana vital (bloqueo de la Voluntad de Poder)

5. Servilismo, adulación, obsequiosidad excesiva (falsificación del *Sentimiento de Comunidad*)

6. Dependencia de los demás.

7. Alejamiento del contacto social: *conductas de evitación* de situaciones interrelacionales, que pueden llagar a configurar el *Trastorno de la Personalidad por Evitación* descrito en el DSM-IV.

8. Déficit de autoestima

9. Tendencias masoquistas: autodepreciación o autocompasión

La manifestación de esta sintomatología específica puede adquirir dos formas características:
- La forma *sensitiva*: lágrimas, blandura de carácter, depresión...
"La pusilanimidad, la inseguridad en sí mismo, la inhibición, la perplejidad, la modestia, la timidez exagerada, son rasgos de la personalidad que lleva 'con resignación' el Sentimiento de Inferioridad. Diríase que la conducta global del sujeto actúa bajo el signo de una constante disculpa por su sola presencia personal. De aquí que se sienta siempre inútil, incluso molesto" [11].
- La forma *agresiva*: cólera, desesperación, intrapunición...

---

[11] LERSCH, *La estructura de la personalidad*

EL *COMPLEJO DE SUPERIORIDAD*

Una formación reactiva al *Complejo de Inferioridad*, inauténtica, falsamente compensatoria y definitivamente insolidaria es lo que se conoce por **Complejo de Superioridad.**

> La **Sintomatología** del *Complejo de Superioridad:*
> Vanidad, arrogancia, presunción, afán de notoriedad. Actitudes dominantes y tiránicas con los más débiles. Tendencia a monopolizar. Actitud desdeñosa y desvalorativa. Desatención a lo que los otros dicen u opinan. Fantasías de grandeza y de hallarse predestinados para algo grande.

Escribe Adler: *"El Complejo de Superioridad aparece en general claramente caracterizado por determinadas actitudes y rasgos de carácter y por la propia atribución de dotes y*

47 47

cualidades sobrehumanas. Así mismo puede delatarse a través de exageradas pretensiones respecto a sí mismo y a los demás. El aire pretencioso, la vanidad en cuanto al porte exterior, por elegante o descuidado que este sea, puede llamar la atención sobre un complejo de superioridad fácil de descubrir, así como toda una serie de fenómenos de diverso orden, como la extravagancia en el vestir, la adopción de actitudes exageradamente varoniles en la mujer o afeminadas en el hombre, el orgullo, la sensibilidad exagerada, el snobismo, la jactancia, el carácter tiránico o descontentadizo, la tendencia a desestimarlo todo (descrito por mi como particularmente característico), el culto exagerado a los héroes, el afán de relacionarse con personalidades destacadas, o a dominar sobre débiles, enfermos o personas de poca monta, la aspiración exagerada a la originalidad, uso excesivo de ideas o corrientes ideológicas en

48 48

sí valiosas con miras a desvalorizar al prójimo, etc.

etc. (...) La credulidad, la fe en aptitudes telepáticas o semejantes, o en intuiciones proféticas, despiertan así mismo la justificada sospecha de un complejo de superioridad" [12].

Según Adler, *Complejo de Superioridad* y *Sentimiento de Comunidad* son contradictorios, no pueden coexistir en autenticidad. La tendencia a la superioridad puede alejar al individuo del sentimiento de comunidad que queda asfixiado por el excesivo afán de enseñorearse sobre todos los demás, en los tres espacios de la experiencia comunitaria, que son, para Adler, *la vida social, el trabajo y la relación amorosa.* [13]

---

[12] ADLER, *El sentido de la vida*

[13] ADLER, *El sentido de la vida* y *Práctica y Teoría de la Psicología Individual*

49   49

50

EL *SENTIMIENTO DE COMUNIDAD*

Quizás pudiéramos llamarle "**Sentimiento de Solidaridad**":

La persona es esencialmente social, *"Los hombres no son islas"* como el título de la novela de Thomas Merton. Necesita perentoriamente adaptarse, adecuarse y estructurarse como *miembro* dentro de una colectividad. El filósofo Feuerbach sentenció que *"una persona enteramente aislada desaparecería sin remedio del caos de la naturaleza"*. La experiencia y consciencia de *"pertenencia"* y de *solidaridad* responde a una necesidad fundamental del psiquismo y de todo el organismo biológico.

La función primordial y perentoria del organismo psicobiológico es una función adaptativa al medio, indispensable para sobrevivir. En el enfrentamiento con el medio y con sus agresiones, el

51 51

organismo vital humano moviliza reacciones adaptativas y defensivas que condicionarán, positiva o negativamente, el equilibrio psicobiológico y la consciencia de armonía o disarmonía existencial. Lo cual se reflejará en el cuerpo y en la mente como salud y bienestar, o con síntomas patológicos. Para Adler, los síntomas psicopatológicos son el resultado de la disarmonía interior como consecuencia de reacciones negativas, *autodefensivas y desadaptativas* frente al medio social.

Las circunstancias singulares de cada persona, vivir con carencias o en abundancia, en paz o en guerra, en soltería o en matrimonio, ser hijo único o con varios o muchos hermanos... representan situaciones distintas, particulares para cada individuo, que movilizan su *función adaptativa*. Si ésta se realiza el individuo podrá desarrollarse. La *recta adaptación* al medio social es, para Adler condición del crecimiento individual, la "*vía regia*" por la que la *Voluntad de Poder*, canalizará las energías psicobiológicas hacia la superación de la inferioridad primaria y la realización de las potencialidades compensatorias del individuo.

El *sentimiento comunitario o solidario* es susceptible de desarrollo menor o mayor, y tanto en el sentido *normal y positivo* como en el *anormal y negativo*.

Todos los problemas que la vida nos presenta cada día son una continua prueba para descubrir cuál es el grado de nuestro *Sentimiento de Comunidad*. También nos podemos escudar en un falso sentimiento de comunidad que puede estar al servicio de un disimulado complejo de superioridad y puede aprovecharse para cubrir de reproches a todos los demás.[14] La persona que posee el

---

[14] ADLER, op.cit.

53

Sentimiento de Comunidad sustituye la animosidad latente en él y en los demás (como autodefensa instintiva de su inseguridad básica) por una benevolencia recíproca; confía en los otros a los que siente que necesita y que, a la vez, es necesitado por ellos; recurre al sentido humano del humor que aleja de actitudes de superioridad y arrogancia y de reacciones dramatizadoras; procura la sencillez y evita complicar o amargar la vida de los demás, tanto en las relaciones sociales como en las laborales y en las de convivencia intersexual y familiar. Nada más lejos del *Sentimiento de Comunidad* que el gregarismo. El genuino *Sentimiento de Comunidad* nos abre a los demás con confianza y nos enriquece recíprocamente, pero conservando siempre *la propia identidad y la propia autonomía* frente a ellos.

Este desarrollo *normal y positivo,* que supone un *recto proceso adaptativo,* requiere un equilibrio ajustado entre las *respuestas emocionales* a los estímulos del medio social y las *respuestas reflexivas* (intelectuales).

En la medida en que predominen y se impongan las reacciones emocionales, cargadas por los complejos sobresensibilizados, el individuo queda indiferenciado del estímulo y amalgamado sentimentalmente con medio, o en actitud de autodefensa instintiva frente a él, sin permitir que se imponga la *Voluntad de Poder*, que requiere esencialmente diferenciación del YO y libertad de autoregulación.

En este proceso reactivo de respuestas negativas, sentimentales y desadaptativas a los estímulos del medio, han influido, desde la infancia, *factores de refuerzo* del Sentimiento de Inferioridad, que lo habrán acercado, en mayor o menor grado, a activar el Complejo de Inferioridad. Entre estos factores, a los que Adler atribuye mayor importancia son:

> a) Minusvalías o deficiencias orgánicas.
>
> b) El trato cruel
>
> c) El mimo excesivo, sucedáneo del autentico amor
>
> d) La peculiar posición del niño dentro de la constelación familiar.
>
> e) Las condiciones sociales (grupos marginados o minoritarios,
>
> inmigrantes...)

Como se ha repetido, todo individuo moviliza, por la fuerza del instinto de conservación, sus energías a compensar la experiencia vivencial de inferioridad (*Voluntad de Poder*). Pero esta compensación puede hacerla de dos formas:

- La forma *integrativa, útil, social y solidaria.*

56

56

- La forma *desintegrativa, inútil, asocial y acomplejada.*

Defiendo la teoría de que el *Sentimiento de Comunidad* le presta el fundamento a una actitud, básica e indispensable para la convivencia y para las relaciones interpersonales, que es la *Tolerancia*. Y recuerdo a Willian Faulkner: *"Ser tolerantes es sentirse avergonzados cada vez que pretendemos imponer algo a alguien, aún cuando estemos seguros de tener la razón".*

Entiendo la *Tolerancia* como la actitud de aceptar siempre al otro como *sujeto de derechos,* en los tres ámbitos del *Pensar,* del *Sentir* y del *Actuar.* Cuando la otra persona no procede conforme al derecho, el *Sentimiento de Comunidad* no puede propiciarle una *actitud* de tolerancia, que en este caso no sería *Tolerancia* sino *Permisividad.*

El *Sentimiento de Comunidad* es el gran resorte de la *socialización* y de la *vida moral*, el gran moderador y regulador de la *Voluntad de Poder* y el gran estímulo y soporte compensador de la experiencia de *inferioridad*.

"Considero que la teoría de la compensación de los complejos de inferioridad es la clave más importante para entender a la gente normal. Me parece que ilumina grandes áreas del proceder humano. Es la fuente de todas las mejoras en las condiciones sociales, en las de la cultura, incluso en las de las ciencias, que es la tentativa del hombre para terminar con su debilidad y ser dueño de su destino. No veo cómo el ser humano habría podido desarrollar su alma sin ella.

*La base de mi psicología es que todos podamos compensar nuestras deficiencias, ya sean físicas, intelectuales, morales o de otra clase, transformando de este modo un **menos** de nuestra* *naturaleza en **un más**. Creo que esta capacidad universal de compensar las debilidades a dado al hombre su carácter humano único, su supervivencia y la esperanza para el porvenir."* [15]

En el número 59 del *Boletín Informativo del Colegio Oficial de Psicólogos de Andalucía Occidental,* de enero de 1999, se incluye un breve artículo titulado *"La Psicología del Optimismo".* En este artículo, firmado por Francisco J. G. Repullo, se afirma, a propósito de la psicología moderna, seguidora de un modelo de enfermedad, que *"mientras se buceaba en las profundidades de lo peor de la vida, la psicología perdió su vínculo con aspectos positivos: el conocimiento con lo que hace la vida merecedora de vivirse, lo que la hace más plena, más digna de vivirse y más productiva".* Se trata de una cita de Martín E.P. Seligman, presidente de la *American Psychological Association,* del

---

[15] ADLER, *Práctica y Teoría de la Psicología del Individuo*

prefacio de la obra *"El Optimismo Inteligente"* de los autores Carmelo Vázquez y M. Dolores Avia.

Se añade en el artículo que *"la previsión de Seligman para el siglo XXI, es la de una ciencia que mirará, finalmente, más allá del remedio y se transformará en una fuerza positiva para comprender y promover las cualidades más elevadas de la vida cívica y personal".* Se dice también que el desarrollo de estas características positivas humanas tendrán como efecto la protección contra la enfermedad mental y la posibilidad de *"comprender científicamente cómo desarrollar capacidades y virtudes cívicas personales y cómo alcanzar lo mejor de la vida".*

Lo que no se dice en el artículo es que esta previsión de futuro, y uno de los fundamentos para su desarrollo psicológico, lo había ya iniciado y propuesto Adler en la concepción de su *Psicología del Individuo.*

PARTE II

DOCUMENTOS

DOCUMENTO 1: LOS SIETE PRINCIPIOS BÁSICOS DE LA PSICOLOGÍA ADLERIANA[16]

Alfred Adler (1870-1937) desarrolló una primera teoría holística de personalidad, psicopatología y psicoterapia, íntimamente conectada a una filosofía humanística de la vida. Sus conferencias y libros dirigidos al público general, se caracterizan por su sentido común, claro como el cristal. Sus libros clínicos y artículos revelan una comprensión única del desorden mental, una visión profunda en el arte de curar, y una gran inspiración para alentar el desarrollo humano óptimo.

Los Principios esenciales del sistema adleriano pueden quedar sintetizados en los siete

---

[16]Sistematizados y expuestos por el *"Instituto Alfred*

62

siguientes:

PRIMERO: **Unidad del Individuo**

Pensamiento, sentimiento, emoción y conducta sólo pueden entenderse como subordinados al individual *Estilo de Vida* de cada persona, en cuanto modelo definido y consistente de enfrentamiento particular con la vida. La individualidad no está intrínsecamente dividida como un campo de batalla de fuerzas en conflicto, sino que cada aspecto, o función de la personalidad, apunta en una misma dirección.

SEGUNDO. **Orientación hacia una meta**

En la personalidad existe un dinamismo central impulsando el crecimiento en la línea del mismo movimiento de la vida. Supone un esfuerzo

---

constante orientado hacia el futuro, hacia una *meta significativa, de superioridad, o éxito*. En estado de salud mental, constituye una meta realista, de utilidad socialmente significativa, y de superación de las dificultades generales de la vida. En estado de alteración psíquica, se constituye como meta poco realista, de importancia exagerada, y de superioridad por encima de los demás. El temprano *sentimiento de inferioridad* del niño, desde el que se impulsa el dinamismo de compensación, conduce a la creación de una *meta imaginaria* a cuya consecución se atribuye la promesa de seguridad futura y de éxito. La profundidad del *sentimiento de inferioridad* determina d el nivel de la meta, que se constituye como la *causa final* de las pautas de conducta.

TERCERO: **Libre Determinación y Singularidad**

La meta de cada una de las reacciones comportamentales puede estar influenciada por factores hereditarios y culturales, pero el impulso último hacia el autovalimiento es individualmente creativo y, en consecuencia, único y singular. Normalmente, los individuos no son totalmente conscientes de su meta. A través del análisis de las circunstancias singulares de su nacimiento (hijo único, o el mayor, o el pequeño etc.), de la reproducción de modelos parentales de reacción, y de los recuerdos más tempranos, el psicoterapeuta puede inferir infiere la meta de cada individuo, como una hipótesis del trabajo.

CUARTO: **Contexto Social**

Como un todo indivisible, como un sistema individual, el ser humano también es una parte de conjuntos o sistemas más extensos: la familia, la comunidad, todos humanidad, nuestro planeta, el cosmos [17]. En cada uno de estos contextos, nos encontramos las tres tareas más importantes de la vida: *el trabajo, el amor sexual y familiar, y nuestra relación con otras personas*: que completan todos desafíos sociales. Nuestra manera de responder al primer sistema social, la constelación familiar, se convertirá en el prototipo de nuestra cosmovisión y de nuestra actitud para con la vida.

QUINTO: **El Sentimiento de Comunidad**

---

[17] A este respecto, quiero recordar los versos de Miguel Hernández a su esposa, en la espera del nacimiento del hijo, en los que se expresa maravillosamente estas *"pertenencias"* del ser individual: *"Te quiero en tu ascendencia/ y en lo que de tu vientre descenderá mañana / porque la especie humana nos dieron por herencia / la familia del hijo será la especie humana. / Con nuestro amor a cuesta, dormidos y despiertos / seguiremos besándonos en el hijo profundo./ Besándonos tu y yo, se besan nuestros muertos, / se besan los primeros pobladores del mundo"*.

Cada ser humano nace programado y capacitado para aprender a vivir en armonía con el medio social. Se trata de un potencial innato de integración y pertenencia, que requiere ser desarrollado conscientemente. El interés y el sentimiento social implica *mejora social*, completamente diferente del *conformismo*, y deja terreno libre para la *innovación social*, incluso a través de *resistencia cultural* o de la *rebelión*. El *sentimiento de seguridad* genuina está arraigado en un sentido profundo de *pertenencia e involucramiento*, dentro del cauce de la evolución social.

SEXTO: **Salud Mental**

EL *sentimiento de inclusión y pertenencia*, y una buena disposición para *desarrollarlo totalmente* en sí mismo y *contribuir al bienestar* de otros, es el criterio principal de *salud mental*. Cuando estas cualidades están subdesarrolladas, los *sentimientos de inferioridad* pueden asediar la seguridad del individuo, oponiendo, a veces, a esta inseguridad una *actitud de superioridad* frontalmente antagónica con los otros. Por consiguiente, la *meta imaginaria* inconsciente será egoísta, y emocional y materialmente explosiva en las relaciones con las demás personas. Cuando el *sentimiento de inclusión y pertenencia* y la *disposición positiva para contribuir socialmente* son fuertes, surge entonces el *sentimiento de igualdad*, con lo que la meta del individuo transciende el interés egoísta y se extiende en beneficio de todos.

SEPTIMO: **Tratamiento**

La Psicoterapia individual adleriana, la terapia breve, la terapia de pareja, y la terapia

68   68

familiar siguen caminos paralelos. Alentar a los pacientes a que superen sus *sentimientos de inseguridad*, a que desarrollen sentimientos más profundos de *integración y pertenencia*, y a que reoriente su esfuerzo en la dirección de un significativo *beneficio social.*

A través de un respetuoso *Diálogo Socrático*, se les confronta para que corrijan conceptos y conclusiones equivocadas, así como actitudes, sentimientos y conductas inadecuados acerca de ellos mismos y del mundo. Se les ofrece un *estímulo constante* para que intenten de nuevo lo que previamente habían sentido como imposible. El acrecentamiento de *confianza*, de la *autoestima*, y las *experiencias gratificantes* alientan el deseo de desarrollar mayores *habilidades y acciones cooperativas*. El objetivo de terapia se centra en reemplazar los mecanismos de *auto-protección* exagerada, de *auto-perfeccionamiento* egoísta, y de *auto-indulgencia* blanda, por una valerosa y significativa *contribución social.*

DOCUMENTO 2: LAS DOCE FASES DE LA PSICOTERAPIA ADLERIANA

Según declara el *"Alfred Adler Institute of San Francisco"*, la Psicoterapia Adleriana se caracteriza por un estilo de tratamiento *considerado, cálido, empático, y socrático*. El clima terapéutico encarna, pues, las cualidades de *respeto y igualdad* necesarias para construir una *relación cooperativa y confiada*.

Una Psicoterapia completa, dentro de este sistema, puede considerarse como un proceso progresivo a través de doce fases. La descripción de estas fases tienen solamente un sentido de pautas orientativas, sin que supongan un sistema rígido al que haya que someterse en orden riguroso. La psicoterapia es un arte que debe practicarse creadoramente. La mejor estrategia terapéutica es frecuentemente la que *se inventa* para una persona individualmente considerada y tratada.

FASE 1ª: **RELACIÓN DE ACUERDO Y EMPATÍA**

Se trata de establecer desde el primer momento, entre terapeuta y paciente, una relación de trabajo que sea empática y cooperativa. Ofreciendo una razonable esperanza, juntamente con confianza y aliento.

FASE 2ª: **INFORMACIÓN**

En esta fase, se trata de recoger, de un modo no estructurado, toda la información pertinente a la persona, a su problema y a su situación. Cualquier matización de la persona o del problema es importante para obtener apreciación global de su funcionamiento: exploración de su situación actual, así como de su niñez temprana, de sus recuerdos,

72
72

incluso de sus sueños.

FASE 3ª: **CLARIFICACIÓN**

Sin que suponga, como ya se ha dicho, un proceso rígido de actuación, en esta fase se pretende una *clarificación progresiva del pensamiento y de las emociones* con preguntas al modo del método *mayéutico* de Sócrates. Se evalúan las consecuencias de los enfoques mentales y de la conducta, y se intenta reenfocar y adecuar las ideas sobre sí mismo y sobre los demás.

FASE 4ª: **ESTIMULACIÓN**

Se estimula el pensamiento y la conducta hacia una nueva dirección autorreconstructiva. Para encaminarse en esta nueva dirección, será necesario

73   73

revisar el *Estilo de Vida,* clarificando los sentimientos que este estilo le ha proporcionado y valorando el esfuerzo que le ha supuesto mantenerlo y los resultados obtenidos.

FASE 5ª: **INTERPRETACIÓN y RECONOCIMIENTO**

Se interpretan los *sentimientos de* inferioridad, el *estilo de vida*, y los objetivos vitales de *ficción de superioridad.* Se identifica lo que ha constituido una desviación en el desarrollo, teniendo en cuenta las circunstancias de su nacimiento, las experiencias tempranas y los sueños.

FASE 6ª: **REFUERZO COGNITIVO**

Se refuerza el autoconocimiento de parte del sujeto de su nuevo *Estilo de Vida,* así como de sus

74 74

sentimientos en referencia a sus nuevas experiencias. Él, sin duda, ya sabe lo que debe hacer, pero puede sentirse bloqueado para ponerlo en práctica.

FASE 7ª: **DESCUBRIMIENTO EMOCIONAL**

Cuando sea necesario, se promueven *descubrimientos emocionales* a partir de *experiencias olvidadas* que sirven para reinterpretar el pasado o el presente, y corregir sus influencias negativas. Se pueden utilizar técnicas de *rol-playing*, de *imaginería dirigida* y de dinámica de grupo.

FASE 8ª: **PREPARANDO EL CAMBIO**

Se trabaja para convertir el *insigth* en una *actitud diferente.* Se experimente con *acciones*

75
75

concretas basadas en las nuevas ideas. Se comparan los nuevos comportamientos con los anteriores.

FASE 9ª: **REFORZANDO EL CAMBIO**

Se estimulan y animan todos los nuevos movimientos y acciones dirigidos hacia el cambio significativo. Se confirman los resultados positivos y se evalúa el progreso y el esfuerzo.

FASE 10ª: **REVINCULACIÓN SOCIAL**

Se estimulan los sentimientos mejores del sujeto para extender su cooperación y solidaridad hacia otras personas, animándole a entregarse generosamente y a asumir los riesgos necesarios. Se reconoce y valora el sentimiento de igualdad.

76

FASE 11ª: **REDEFINIECIÓN DE METAS VITALES**

Se estudian y proponen nuevas metas vitales, nuevos objetivos de acción y de superación, abandonando las antiguas metas de ficticia superioridad. Así el viejo *Estilo de Vida* queda disuelto, se adoptan nuevos valores y se descubre un nuevo horizonte psicológico.

FASE 12ª: **ALIENTO Y RELANZAMIENTO**

Se le alienta y refuerza en el nuevo *Estilo de Vida,* gratificante y creativo para sí y para los demás, con un nuevo sentido del esfuerzo y el riesgo. Así es como se promueve un camino de crecimiento incesante para sí mismo y para la comunidad.

El cambio que resulta del tratamiento abarca las esferas cognitivas, afectivas y comportamentales. El método Socrático sirve de guía hacía *insigths* (esclarecimientos) que generan decisiones y planes de actuación y comportamiento. La *Imaginería Dirigida* [18] y otras técnicas de recuperación de *experiencias olvidadas* facilitan el cambio afectivo y el crecimiento. La técnica del *rol-playing* proporciona una preparación alentadora y práctica para un enfrentamiento renovado con la realidad.

---

[18] Jiménez H.-Pinzón, Fernando, *La Fantasía como Terapia de la Presonalidad*, Ed. Desclée de Brouwer, Col. *Serendipity*

78

La psicoterapia Adleriana intenta elevar a cada individuo a un nivel óptimo de funcionamiento personal, interpersonal y ocupacional. Para algunos pacientes, una terapia breve, detenida y finalizada en la 4ª FASE del Tratamiento, representa el límite de su interés y de su presupuesto. Para otros, después de completar las doce fases, resulta de interés una profundización en problemas filosóficos y espirituales.

DOCUMENTO 3: PRINCIPIOS ADLERIANOS DE GUÍA PSICOLÓGICA INFANTIL

El *"Instituto ALFRED ADLER de San Francisco"* propone los siguientes Principios para la Guía Psicológica del Niño, revisados en marzo de 1998. El objetivo de estos principios es el de proporcionar los criterios válidos a los educadores para ayudar a los niños a superar sus *sentimientos de inferioridad* y a reforzar sus *sentimientos de solidaridad* por medio de la adaptación integrativa y cooperativa a los grupos familiares, sociales y de trabajo.

1) El derecho inalienable de todos los seres humanos es el respeto mutuo basado en la convicción de igualdad. Los padres que muestran respeto hacia sus hijos, se ganan el respeto de ellos y les enseñan a respetarse a sí mismos y a los demás. Lo mismo se puede aplicar a otros educadores.

80
80

2) El estímulo hacia su superación y crecimiento implica fe y respeto en el niño tal como él es. Un niño se porta mal cuando se descorazona y cree que no puede tener éxito por los medios normales.

3) Los sentimientos de "seguridad" son muy subjetivos y no necesariamente relacionado a la situación real. La seguridad real no puede encontrarse del exterior; es sólo posible lograrlo a través de la experiencia y el sentimiento de haber superado las dificultades.

4) El premio y castigo son métodos obsoletos. Un niño considerará el premio como un derecho y demandará un premio por todo. Por otra parte, considera que el castigo le da el derecho para castigar a su vez, y la venganza de un niño es normalmente más inmediata y severa que el castigo infligido por los educadores o padres. Los niños a menudo se desquitan no comiendo, peleándose, descuidando sus deberes, o portándose mal de otras maneras más perturbadoras.

5) Las técnicas para corregir el mal comportamiento son las permiten al niño experimentar, en una consecuencia natural y lógica, el *resultado real* de su propia conducta.

Las transgresiones del niño han de tener las consecuencias naturales establecidas y acordadas por los educadores - y no impuestas arbitrariamente- como resultado lógico y directo de su conducta. Estas consecuencias naturales son normalmente eficaces, con tal de que no se apliquen en un contexto de poder, ya que en este caso degenerarían en venganza punitiva.

6) En situaciones del conflicto, es más eficaz actuar en lugar de hablar. Hablando se les

82

82

proporciona una oportunidad para expresar argumentos en los que el niño puede derrotar al educador. Si éste mantiene la calma, y una paciente actitud, podrá lograr, a través de la acción callada, resultados positivos.

7) Retirarse oportunamente puede ser eficaz como técnica de neutralización: dejar al niño y marchar a otra habitación es muy eficaz cuando el niño exige una atención indebida o intenta involucrar a los padres y educadores en una confrontación de fuerza. No haciendo nada se consigue, a veces, resultados maravillosos.

8) Se trata de apartarse de la provocación, pero no del niño; de no hablarle en momentos de conflicto. Hay que saber darles atención y reconocimiento cuando los niños se comportan bien, pero no cuando lo exigen con

conductas inadecuadas y perturbadoras. Mientras
 83

menos atención consiga un niño cuando está perturbando, más se le habrá de dar cuando se muestra cooperativo. Los educadores pueden sentir que, con el enojo, liberan sus propias tensiones, pero no enseñan al niño lo que piensan que él debe aprender.

9) No interfieran en las reyertas de niños. Permitiéndoles a los niños resolverse sus propios conflictos, estos aprenderán llevarse mejor. Se provocan muchas peleas entre los niños para conseguir involucrar a los padres o educadores. Separándolos o actuando como juez caen en su provocación y los estimulan a seguir peleando.

10) La lucha requiere cooperación. Cuando los niños luchan entre ellos también están cooperando en un esfuerzo compartido. A menudo el niño de menor edad, más débil, provoca una lucha para que los padres o educadores actúen contra el

84 84

mayor. Cuando dos niños se pelean, los dos están participando y son igualmente responsables.

11) Hay que tomar el tiempo necesario para entrenar y enseñar al niño las habilidades esenciales y hábitos positivos. No se puede intentar entrenar a un

niño en el momento del conflicto. El padre o educador que "*no tiene tiempo*" para tal entrenamiento, tendrá que emplear mucho más tiempo corrigiendo al niño inexperto.

12) Nunca se haga por un niño lo que él puede hacer por sí mismo. "*Cada vez que le prestamos una ayuda innecesaria, detenemos un paso en su evolución*", este es un principio darwiniano aplicado a la tarea educativa. Un niño dependiente es un niño exigente. Los niños sólo se hacen irresponsables cuando nosotros no les damos las oportunidades de asumir responsabilidades.

13) La sobreprotecion rebaja al niño en su capacidad y en su autoestima. Los padres y educadores pueden sentirse satisfechos de lo que le están dando cuando actúan en lugar del niño; pero realmente le están quitando el derecho que tiene el niño de aprender y evolucionar. Los padres tienen un prejuicio inconsciente contra los niños, dando por sentado que no son capaces de actuar responsablemente. Solo cuando empiezan a tener fe en que sus niños pueden comportarse de una manera responsable, permitiéndoles actuar por sí mismos, estos asumirán sus propias responsabilidades.

14) Los padres y educadores hiper-responsables producen a menudo niños irresponsables. Los educadores o padres que asumen como responsabilidad propia estar continuamente recordando al niño lo que tiene que hacer, o haciéndolo en su lugar, están estimulando y reforzando la irresponsabilidad del niño. Los padres

86

86

deben aprender a "ocuparse de sus propios asuntos"
y dejar que el niño aprenda por las consecuencias
lógicas de su propia conducta.

15) Si se pretende influir en la conducta de
los niños, es necesario saber distinguir entre la
atención positiva y la *atención negativa*. Cuando se
sienten incapaces de conseguir *atención positiva*, y
experimentando la indiferencia como intolerable, los
niños recurren a acciones que provocan la *atención
negativa* (reprimendas, castigos etc.). La *atención
negativa* es la evidencia de que han logrado con
éxito el objetivo de ser atendidos, de que se les tenga
en cuenta.

16) Hay que saber entender los objetivos de
cada niño. Cada acción de un niño tiene un
propósito. El objetivo básico es ser de algún modo
importante y *obtener un lugar* en el grupo. Un niño

bien ajustado psicosocialmente es el que ha encontrado su propio medio de ser aceptado, a través de una cooperación y una contribución útil dentro del grupo. El mal comportamiento del niño traduce siempre un *intento equivocado* de captar la atención, afirmarse y sentirse importante en su propio mundo. La carencia de esta experiencia de sentirse importante y útil suele ser la causa de todas las tropelías y desmanes de los niños y adolescentes.

Un niño no suele tener consciencia clara de cuáles son los objetivos de su comportamiento. Pero sabemos que todo comportamiento busca algún beneficio. La conducta más ilógica en apariencia, es siempre consecuente con la interpretación que el niño o adolescente hace de su propio lugar dentro del grupo, sea este el grupo familiar, o el social o el escolar-laboral.

Los beneficios que constituyen las metas del comportamiento se pueden reducir a cuatro:

a.- *Conseguir atención*. Los educadores necesitan estar mentalizados para no responder a estos requerimientos con expresiones de fastidio: es necesario que lo comprendan y de algún modo, correspondan.

b.- *Poder*: de algún modo, ser el jefe, el que domina la situación. Si el educador responde sintiéndose provocado y entra en disputas, probablemente el niño quedará sobre él, a no ser que utilice la fuerza bruta, que será otro modo de rebajarse y perder su prestigio.

c.- *Venganza*: intento de herir para desquitarse y sentirse fuerte. Si el educador responde sintiéndose herido, le otorga el beneficio buscado con su mal comportamiento.

d.- *Despliegue de insuficiencia*: quiere que le dejen solo; que renuncien a expectativas y

89
89

demandas sobre él. A este comportamiento el educador suele responder con perplejidad, impotencia y desesperación, con lo que el niño obtiene el beneficio equivocado de su propio valimiento.

17) El objetivo del niño de ser poderoso, entra en confrontación con el del padre y el educador que también busca un objetivo poder. "Dos no se pelean si uno no quiere". Si el educador renuncia a entrar en confrontación y disputas, neutralizará el impulso de poder en el niño y podrá empezar a establecer una relación más saludable con él. Ceder puede ser en algunos casos un signo de debilidad, pero en muchos casos es expresión de fortaleza moral. El uso brutal del poder enseña a niños que sólo las personas brutales y desalmadas consiguen lo que quieren.

18) Ningún hábito se mantiene si no alcanza

su propósito, o consigue sus beneficios. Los niños desarrollan y refuerzan malos hábitos cuando de ellos se deriva el beneficio de una *atención negativa*.

19) El educador tiene que saber minimizar los errores. Cometer errores es humano. El educador debe tener el valor de ser y saberse imperfecto. El niño también es imperfecto. No hay que dramatizar o maximizar la importancia de sus errores. Hay que saber construir el edificio de la educación sobre cimientos positivos y no sobre los negativos.

20) El grupo familiar debe dar a cada miembro de la familia la oportunidad para expresarse libremente en todas las materias, tanto gratas como ingratas, experimentadas en este medio. El mensaje implícito, y explícito cuando sea oportuno, debe ser: *"¿Qué podemos hacer nosotros en este asunto?"* . Es conveniente tener acordados encuentros periódicos, para enfrentar juntos los

91

problemas. Que se escuche sin interrumpir, con un tiempo suficiente, aunque limitado. Que cada miembro tenga derecho a votar en igualdad, sin consideraciones de edad o de roles. Que modere cada vez uno distinto. Que se busque siempre el acuerdo general y no un voto de mayoría en las decisiones.

21) Que se organicen ritos y situaciones, sea en familia o con otros grupos, en las que puedan divertirse juntos; lo cual ayudará a desarrollar una relación basada en el goce, en el respeto mutuo, en la integración de todos, en el amor y la afectuosidad, en la confianza mutua y la sinceridad, en el sentimiento compartido de *pertenencia*. En lugar de hablar para incordiar, reñir, predicar, o corregir, el educador ha de saber hablar para mantener una relación amistosa en su medio educativo, con el mismo respeto y consideración con que se expresaría frente a un buen amigo.

DOCUMENTO 4: RESEÑA BIOGRÁFICA DE *ALFRED ADLER*

Alfred Adler nace en Viena, Austria, el 7 de febrero de 1870. Durante las primeras décadas de este siglo elabora sus ideas, que han sido incorporadas, en la actualidad, a la corriente de la teoría y práctica de la Psicología, la Psicopatología y la Psicoterapia.

Fue el segundo de seis hermanos. Su niñez transcurrió en los suburbios de Viena. Él solía recordar que, a los cinco años, enfermó gravemente de neumonía y que el médico le dijo a su padre que dudaba de su posible recuperación. Fue entonces cuando Alfred decidió que llegaría a ser médico para luchar contra las enfermedades mortales. Esta idea permaneció siempre en su mente, hasta que en 1985 obtuvo el título de Doctor en Medicina por la Universidad de Viena.

Estuvo siempre muy apegado a su padre, y solía recordar que, durante sus paseos por los bosques de Viene, su padre le repetía frecuentemente: "Alfred, no creas en nada". Se comprende la influencia que en él tuvo este extraño consejo paterno cuando se sabe de la constancia con que Adler desafió siempre, durante toda su vida, las manifestaciones o declaraciones establecidas, mientras que no tuviera la certeza de que podían ser aceptadas sin duda razonable. Otro recuerdo que siempre conservó en su memoria, y que le gustaba contar a los niños con problemas en el trabajo escolar, es cuando un profesor le dijo a su padre que lo quitara de la escuela y lo pusiera de aprendiz a zapatero, ya que él nunca llegaría a graduarse. Su padre su burló del maestro y lo desaprobó ante su hijo. Entonces Alfred, que en verdad había perdido interés por los estudios y había suspendido las matemáticas, decidió mostrarle al profesor de lo que era capaz: en poco tiempo llegó a ser el primero de

94

la clase en matemáticas, y nunca más volvió a experimentar dificultades como estudiante.

En 1898, a la edad de 28 años, escribe Adler su primer libro, sobre las condiciones de salud en el ejercicio de la profesión de sastre. En este libro establece los principios que seguirán siendo las bases fundamentales de su *escuela de pensamiento*: *la necesidad de considerar a la persona como un conjunto, una unidad funcional, que reacciona frente a su medio, así como frente a su propia dotación física*; en lugar de considerarla como un conjunto de instintos, impulsos y otras manifestaciones psicológicas.

En 1902, cuando Adler era uno de los pocos que acogió favorablemente el libro de Freud *La Interpretación de los sueños*, recibió una tarjeta de éste invitándole a unirse al círculo de encuentro semanal en su casa, para discutir sobre temas novedosos de psicopatología. En este tiempo, ya Adler había comenzado a recoger material de pacientes con minusvalías, estudiando, al mismo tiempo que los problemas orgánicos, sus reacciones psicológicas. Solo cuando Freud le aseguró que en este círculo se discutían todos los puntos de vista, incluidos los de Adler, aceptó éste su invitación.

Cinco años más tarde, publicó Adler su libro sobre *la inferioridad de los órganos y sus compensaciones*. Desde entonces, las diferencias entre las concepciones de Freud y de Adler quedaron muy vigorosamente marcadas y definidas. Adler nunca había aceptado las primeras teorías de Freud sobre que los traumas mentales tuvieran exclusivamente una causa sexual, y se opuso sistemáticamente cuando, en el estudio de los sueños, se interpretaban todos los casos como *el cumplimiento de un deseo sexual*. Después de prolongadas disputas, durante las cuales cada uno

 96

pretendía imponer al otro sus puntos de vista -
intento condenado al fracaso desde el principio -,
Adler abandona el círculo en 1911, con un grupo de
ocho colegas, y crea su propia escuela. Después de
esto Freud y Adler nunca más se volvieron a
encontrar.

En 1912, publica Adler su libro *La
Constitución Neurótica,* en el cual avanza en el
desarrollo de sus principales conceptos, y denomina
su sistema epistemológico como *Psicología
Individual,* término que ha sido con frecuencia
erróneamente entendido. Se refiere a la
indivisibilidad de la personalidad dentro de su
estructura psicológica. Su siguiente libro
Conocimiento del Hombre, que integra las
conferencias dadas en el *Instituto para la Educación
de Adultos* de Viena, todavía está en la lista de las
lecturas obligadas en algunas de las universidades
americanas.

Al regresar de la guerra de 1918, fundó en Viena varias clínicas de Orientación Infantil. Pronto fueron visitadas por profesionales extranjeros que se estimularon para crear clínicas similares en otros países.

En 1926 fue invitado a impartir conferencias en la Universidad de Columbia, y desde 1932 fue el primero que ocupó la cátedra de Profesor Invitado de Psicología Médica en *Long Island College of Medicine*. A partir de este año, él pasó solamente en Viena los meses de verano, de mayo a octubre, y el año académico lo dedicó a sus disertaciones, conferencias y cursos, en los Estados Unidos. Su familia se le unió allí en 1935.

Las conferencias de Adler se concentraron con gran abundancia, siéndole fácil, desde el principio, comunicarse con su audiencia en inglés, como le había sido cuando empleaba su

lengua natal, el alemán. Durante una estancia en
Aberdeen, Escocia, invitado para impartir una serie
de conferencias en la Universidad, se derrumbó de
repente, mientras paseaba por la calle y falleció a los
pocos minutos por un fallo cardiaco.

100

PARTE III:

PRÁCTICAS DE PSICOLOGÍA INDIVIDUAL

101
101

PRÁCTICA 1ª : SOBRE LA AFECTIVIDAD

Dentro del sistema de *Psicología Individual* de Adler, la *Afectividad* tiene una función muy importante y determinante en la tarea del propio valimiento.

Se define la Afectividad como *la disposición anímica para movilizarse y canalizar las energías psicobiológicas en determinadas direcciones.*

Cuando el sujeto percibe un *objeto bueno*, es decir, favorable para el propio valimiento, se moviliza un *afecto* que canaliza las energías hacia su posesión: este *afecto* se llama DESEO.

Si el *objeto bueno* percibido es lejano, arduo

102

o difícil de conseguir, se moviliza el afecto llamado ESPERANZA, que concentra las energías en tensión dinámica para alcanzarlo sin desfallecer por los obstáculos.

Cuando ya el *objeto bueno* está de algún modo en el ámbito posesivo del sujeto, se hace operativo otro *afecto*, el AMOR, para conservarlo, mantenerlo y potenciarlo.

La plena posesión afectiva moviliza la ALEGRÏA, que potencia su posesión y su reencuentro; su pérdida moviliza la TRISTEZA, que potencia las energías orgánicas hacia su recuperación, o sustitución.

El obstáculo de la Esperanza, que dificulta la consecución del objeto deseado, moviliza la CÓLERA para desplazar o destruir ese obstáculo. Si la consecución se hace imposible, surge la

103

DESESPERANZA, como afecto disuasivo, para no malgastar energías orgánicas en un esfuerzo inútil.

> Los *AFECTOS* son los contenidos de la *Afectividad*, o los movimientos movilizados desde esa disposición anímica llamada *Afectividad*. Se pueden definir, pues, como *movimientos del psiquismo que canalizan las energías orgánicas en una dirección.*

A.- Según cómo se produzca ese *aumento de excitación,* se configuran las tres modalidades de los *Afectos* que son:

SENTIMIENTOS: si la excitación del sistema nervioso se produce de un modo progresivo, embargante y duradero.

EMOCIONES: Si la excitación se produce de un modo brusco, intenso y pasajero. Siempre va

104
104

acompañado de *somatizaciones*: aceleración del ritmo cardiaco, rubor, lividez, actividad motora, desmayo…

PASIONES: excitación muy intensa, duradera y obsesivamente dirigida hacia el fin.

B.- Según la *dirección* hacia el fin, Adler distingue a los *Afectos (sentimientos, emociones y pasiones)* en VINCULATIVOS (afectos que unen al objeto) y DESVINCULATIVOS (afectos que separan)

Los *Afectos Vinculativos*, los que unen, fortalecen el sentimiento experiencial de *Pertenencia,* y afianzan los vínculos interpersonales y sociales, afianzando así el global *Sentimiento de Comunidad.*

Son estos *Afectos Vinculativos* los que hemos

 105

analizado: al *Deseo,* el *Amor,* la *Esperanza,* la *Alegría,* y, por contraste, en cuanto que también nos mantienen vinculados de algún modo con el objeto bueno. la *cólera* contra las dificultades que lo obstaculizan, y la *tristeza,* por su pérdida.

Los *Afectos Desvinculativos,* los que separan, movilizan y canalizan las energías orgánicas hacia el apartamiento del *objeto malo,* o hacia su destrucción.

El MIEDO, por la percepción de su cercanía peligrosa.

La RABIA, ante su eventual interferencia inevitable.

La AFLICCIÖN, por la presencia del *objeto malo* o por su posesión.

El ODIO, que canaliza toda la fuerza vital de la energía hacia el rechazo del *objeto malo* o hacia su destrucción.

La DESESPERACIÖN, por la impotencia para eliminar la perentoria presencia del *objeto malo.*

La AGRESIVIDAD, sería, para Adler la movilización de las energías, canalizadas por todos los *Afectos Desvinculativos,* en desesperada *reacción autodefensiva.*

EJERCICIO 1: CLASIFICACIÓN DE MENSAJES

El Ejercicio que proponemos se realiza por parejas. Es un ejercicio de comunicación interpersonal por medio de mensajes escritos, mutuamente dirigidos, en el que cada uno es Emisor y Receptor al mismo tiempo. Se hace el ejercicio en absoluto silencio, escribiendo cada uno un mensaje, lo que se le ocurra, dirigido a su pareja.

En un segundo tiempo analiza cada uno el contenido del mensaje recibido, para descubrir el Sentimiento expresado por su emisor, en ese momento, *Vinculativo, Desvinculativo o Neutro*, y la *Actitud* adoptada por este, en la que se sustentan los sentimientos: De *Igualdad,* de *Superioridad,* de *Inferioridad.*

Para realizar el análisis de los mensajes se utiliza el cuadro siguiente:

Sentimientos	Superioridad	Inferioridad	Igualdad
VINCULATIVOS			
(Expresan interés	Compasión	Gratitud	Simpatía
hacia la otra	Protección	Admiración	Confianza
persona)	Tolerancia	Sumisión	Amor
	Aprobación	Respeto	Acuerdo

Sentimientos	Superioridad	Inferioridad	Igualdad
DESVINCULATIVOS			
	Desaprobación	Temor	Odio
	Menosprecio	Envidia	Aversión
	Arrogancia	Timidez	Rivalidad
	Intolerancia	Suspicacia	Desconfianza

Actitud	
EVASIVA	Se ocultan o disimulan los sentimientos con frases **banales, jocosas o intelectuales**.

Después se comentan los resultados, entre parejas y entre todo el grupo, haciendo referencia a la emergencia de estos *Sentimientos* y *Actitudes* en la vida real (*profesional, familiar, social y erótico-*

109

amorosa) y su contribución, positiva o negativa, a la experiencia de *Pertenencia* y al *Sentimiento de Comunidad,* canalizadores de la *Voluntad de Poder* hacia la realización personal.

110

EJERCICIO 2: ANÁLISIS DE UN TEXTO

El Ejercicio consiste en aplicar el cuadro de los Sentimientos Vinculativos y Desvinculativos, al análisis de los *sentimientos* y de las *actitudes* expresados en el siguiente texto literario, tomado de la novela de Alberto Moravia, *El Desprecio:*

"Consumimos el primer plato, y luego el segundo, en absoluto silencio. Al llegar a los postres, no pude resistir y pregunté:

-¿Por qué estás tan callada?. Ella respondió de pronto:

- Porque no tengo nada que decir.

No parecía triste ni hostil: y también aquellas palabras tenían el acento de la verdad. Yo proseguí, en tono didáctico:

-No hace mucho, han dicho cosas que merecían horas enteras de explicaciones.

111 111

Ella dijo, siempre con su mismo tono sincero:

-Olvíldalas. Haz como si no las hubiese dicho jamás.

Pregunté con esperanza:

-¿Por qué habría de olvidarlas? las olvidaría si supiese con toda seguridad que no son ciertas Si fuesen sólo palabras pronunciadas en un momento de ira.

No dijo nada aquella vez. Y de nuevo esperé. Tal vez era cierto: había dicho que me despreciaba, como una reacción a mi voluntad. Insistí cautamente:

-Confiesa que esas cosas tan terribles que me has dicho hoy no son ciertas..., y que las has dicho porque en aquel momento parecía que me odiabas y querías ofenderme.

Ella me miró y, de nuevo, siguió en silencio, 0 mucho me equivocaba, o me pareció advertir casi un reflejo de llanto en sus grandes ojos oscuros. Animado, tendí una mano, aferré la suya sobre el mantel y dije:

-Emilia, no eran ciertas ¿verdad?

112 112

Esta vez retiró la mano con. insólita fuerza, contrayendo no sólo el brazo, sino -como me pareció- todo el cuerpo:

-No, no eran ciertas.

Quedé impresionado por el acento de total, aunque desolada, sinceridad de aquella respuesta Parecía haberse dado cuenta de que en aquel momento podría arreglar las cosas una mentira, por lo menos durante algún tiempo, por lo menos aparentemente. Pero luego, tras una breve reflexión, renunció a ello. Experimenté una nueva y más aguda punzada de dolor e, inclinando la cabeza, murmuré entre dientes:

-Pero, ¿no te das cuenta de que ciertas cosas no se lo pueden decir a nadie así, sin justificaci6n...? ¿A nadie, y mucho menos al propio marido?

Ella no dijo nada y se limitó a mirarme casi con temor. En efecto, mi cara debería de estar descompuesta por la rabia. Me sentía invadido por un furor tal, que ya no tenía ni siquiera tiempo de reflexionar.

- Dime -insistí aferrándola de nuevo por la mano,

113

pero esta vez de una forma que no podía llamarse en modo alguno acariciante-, dime por qué me desprecias

-Ya te he dicho que no te lo diré jamás.

-¡Dilo, o te haré daño!

Fuera de mí, le torcí los dedos. Ella me miró, sorprendida por un momento; (...)

Fuera ya del restaurante, me di cuenta de que el tiempo, que durante todo el día había estado incierto y nublado, se había resuelto, en fin, en una lluvia densa y sutil. Algo más allá, en el espacio vacío, entreví la figura de Emilia, de pie junto al coche. Yo había cerrado con llave las portezuelas, y ella esperaba, sin impaciencia, bajo la lluvia.

Dije con voz insegura:

-Perdona, he olvidado que había cerrado con llave las portezuelas.

Y oí la voz de ella, completamente tranquilas:

-No importa. Llueve muy poco.

De nuevo, locamente, al oír aquellas

114

114

palabras sumisas, se me despertó en el corazón la esperanza de una reconciliación. ¿Cómo se podía despreciar hablando con una voz tan tranquila, tan afable?. Abrí la portezuela, subí al coche, y ella se sentó a mi lado. Encendí el motor y le dije con¡ una voz que me pareció de pronto extrañamente festiva, casi alegre:

-Bueno, Emilia, ¿dónde quieres que vayamos ahora?

Ella respondió sin volverse, mirando ante sí:

-No sé... Donde tu quieras.

Puse el coche en marcha y partimos. Como ya he dicho, experimentaba entonces no sé qué sentimiento alegre, desenvuelto, jovial."

 115

116

116

PRÁCTICA 2ª: SOBRE LOS *"ESTILOS DE VIDA"*

Hemos definido el *Estilo de Vida* como el modo peculiar, característico y propio con que cada persona moviliza sus energías psicobiológicas, a impulsos de su *Voluntad de Poder*, con la finalidad de superar su inferioridad, contrapesar sus deficiencias y alcanzar su valimiento. Este *Estilo de Vida* define la *Personalidad* del individuo y se refleja en su *Carácter*.

Para Fritz Künkel, discípulo de Adler, este objetivo de superación, equilibrio y realización personal solo podrá lograrlo en la línea de su progresiva y positiva integración de su YO en un *NOSOTROS*. Este es el término verbal y el proceso psicosociológico con el que Künkel interpreta el *Sentimiento de Comunidad* de Adler.

En este proceso evolutivo la persona

117

desarrollará mecanismos de actuación, que en unas personas serán de estilo *SUAVE O BLANDO,* y en otras serán de estilo *FUERTE O DURO,* según haya sido la presión del ambiente que les ha rodeado y las pautas adaptativas o autodefensivas que, frente a esas presiones ambientales, hayan empleado.

Por otra parte, según las exigencias y requerimientos de la dinámica vital que se les haya impuesto, para superar o beneficiarse de su inferioridad habrán desarrollado mecanismos de *ACTIVIDAD* o reacciones de *PASIVIDAD,* en su enfrentamiento a las heterogéneas situaciones de la vida.

Cuando el *Sentimiento de Comunidad* no se ha desarrollado y la integración en el *Nosotros* ha quedado bloqueada, la persona invierte su dinamismo vital en una *dirección egocéntrica y autodefensiva* que determinará cuatro *ESTILOS DE VIDA,* correspondientes a los cuatro *tipos de*
118   118

personalidad egocéntrica expuestos en el cuadro siguiente, de los que

-El I y el II son egocéntricos de estilo ACTIVO

-El III y el IV son egocéntricos de estilo PASIVO

-El I y el III son de estilo SUAVE y BLANDO

El II y el IV son de estilo FUERTE y DURO

LOS CUATRO ESTILOS EGOCÉNTRICOS

	SUAVE	FUERTE
ACTIVO	**I ESTRELLA** + 100 Admiración - 100 Olvido Ridículo	**II NERÓN** +100 Poder -100 Dependencia Sometimiento
PASIVO	**III ENREDADERA** + 100 Protección - 100 Responsabilidad	**IV TORTUGA** +100 Aislamiento - 100 Perturbación

120

120

I. El tipo ESTRELLA: cuyo objetivo de valimiento es la conquista de admiración (popularidad, aceptación, valoración, reconocimiento) y la evitación de toda situación de olvido, menosprecio, crítica o ridículo.

II. El tipo NERÓN: cuyo objetivo vital es la conquista de poder (influencia, obediencia y sumisión de parte de otros, dominio) y la evitación de toda situación de debilidad y dependencia (pérdida de poder, influencia y autoridad)

III. El tipo ENREDADERA: cuyo objetivo es crearse situaciones de seguridad (protección, ayuda, compasión, dependencia) y evitar las situaciones de indefensión (autonomía, independencia, responsabilidad, soledad)

 121

IV. El tipo TORTUGA: cuyo objetivo vital es lograr imperturbabilidad (tranquilidad, independencia) y evitar toda situación perturbadora (injerencia de otros en su vida, compromisos, cambios, conmociones, emociones)

EJERCICIO 1. (para hacer en grupos de trabajo o seminarios): Partiendo de que todos tenemos componentes de inmadurez (la *Sombra* de nuestro propio YO en la teoría de Jung), que podrán filtrarse en nuestras relaciones y reacciones comportamentales, con las características de uno, o de varios, de los tipos descritos por Künkel, según tengamos más destacados los mecanismos de *actividad o pasividad,* y los estilos de *dureza o de blandura,*

a.- que cada uno escriba en un folio con cuál o cuáles (no más de dos) de los cuatro

122 122

tipos se siente más identificado y con cuál o cuáles identifica a cada uno de los miembros del grupo.

b.- Ponerlo en común, destacando la diferencia entre cómo me veo y cómo soy visto por los demás. Clarificar también la conflictividad que se crea cuando una misma persona actúa con pautas de dos tipos diferentes, y cómo puede estar intentando conseguir el objetivo vital de superar o defenderse de su inferioridad con cada una de esas pautas de comportamiento.

c.- Examinar qué tipo predomina en el grupo, en qué medida es conciliable con el *Sentimiento de Comunidad,* y qué condicionamientos educativos y culturales han podido incidir en su configuración psicológica.

EJERCICIO 2ª: Test: *¿Cuál es mi YO egocéntrico?*

1.- ¿Me cuesta mucho trabajo esperar? ¿Tiendo a que mis necesidades y caprichos se cubran de momento?

2.- ¿Tengo que esforzarme mucho para llegar a sentir un *auténtico interés* por los demás?

3.- ¿Se me considera como de carácter suave y amante de la concordia?

4.- ¿Procuro con mucho interés que no se reflejen mis propios sentimientos, incluso ocultármelos a mí mismo?

5.- ¿Se me ha ocurrido alguna vez que me gustaría ser un gran actor, o un héroe popular, o un campeón de deportes, etc.?

124   124

6.- ¿Sería para mi una situación ideal vivir protegido por alguien, lejos de cualquier responsabilidad?

7.- ¿Quisiera ser fuerte, influyente y poderoso, aunque mi identidad permaneciera ignorada por la gente?

8.- ¿Deseo mucho que me dejen solo y en paz, que nadie se meta en mi vida?

9.- ¿Me da miedo pensar que pueda llegar a verme, relegado, ridiculizado u olvidado?

10.-¿Tiendo a manifestar a los demás mi desamparo, mis males o mis sufrimientos?

11.-¿Me atrae la idea de decidir, mandar sobre los demás, dominar, aunque sea en el anonimato?

12.-¿Procuro rehuir las molestias pretextando que no necesito nada?

13.-¿Tiendo a creer que la superioridad humana está en la fama y la popularidad?

14.-¿Me molestan mucho las discusiones, incluso me atemorizan, y procuro evitarlas?

15.-¿Me preocupa alguna vez la idea de que amigos o compañeros puedan llegar a ser superiores o jefes míos?

16.-¿Se me considera frío, impasible y poco interesado por las personas?

17.-¿Tengo tendencia a alardear, exagerar etc., cuando tengo quien me oiga, y por el contrario me encuentro triste y apagado cuando no hay quien me escuche?

126 126

18.-¿Cuando necesito comprar algo, tiendo a seguir el consejo del vendedor, antes que decidirme por mi cuenta y riesgo?

19.-¿Tiendo a intimidar a los demás, mostrándoles de algún modo mi poder y mi fuerza?

20.-¿Me cuesta trabajo decir que "sí" a los requerimientos de los otros?

21.-¿Me cuesta trabajo decir que "no" por temor a que se me desestime o critique?

22.-¿Me suelo sentir incapacitado para llevar la contraria, y tiendo a dar la razón a los demás, por lo menos de palabra?

23.-¿Me importaría ser un poco menos fuerte y poderoso con tal de que me lo reconocieran y me

127

127

valoraran más?

24.-¿Tiendo a ser muy independiente, desestimado la ayuda, compañía y opiniones de los demás?

CORRECCIÓN E INTERPRETACIÓN

Se valora el mayor número de SI, correspondiente a los de la columna de cada uno de los cuatro *ESTILOS* de Yo Egocéntrico.

ESTRELLA	ENREDADERA		NERÓN
TORTUGA			
1	1	2	2
3	3	4	4
5	6	7	8
9	10	11	12
13	14	15	16
17	18	19	20
21	22	23	24

EJERCICIO 3ª: ANÁLISIS DE UN TEXTO

DEL YO AL NOSOTROS[19]

Fritz Künkel, sobre la línea trazada por Adler, define un nuevo perfil para la aproximación psicológica de la persona. A esta orientación la denominó el Dr. Ramón Sarró, en 1952, "Psiquiatría para personas normales"[20]. "Psiquiatras como Künkel -afirma- brindan sus servicios a personas normales, en periodos que podemos llamar indistintamente de crisis, de agobio, de agobio, de tribulación o cruciales".

---

[19] Este es el título de un libro de Fritz KÜNKEL. Sus otras obras principales son *El Consejo Psicológico* y *La Formación del Carácter*.

[20] SARRÓ, *¿Psiquiatría para normales?* (Estudio preliminar a

1. EL "NOSOTROS" ORIGINARIO

Los seres humanos, como escribí en mi libro "Viajes hacia uno mismo" condensando el pensamiento de Künkel, no nacen aislados. Forman parte de una colectividad, de un NOSOTROS. "Los hombres no son islas", es la misma idea formulada por T. Merton en el título de uno de sus libros.

Pienso que esta realidad encuentra su apoyo filosófico en aquel efato metafísico de la vieja escolástica: "Todo lo que existe o puede existir es singular e individuo".

Singular e individuo significaba, para los viejos escolásticos, ser numéricamente uno, pero dentro de un conjunto de seres de la misma especie. Por eso escribió Fritz Künkel, en su libro "La formación del carácter", que todo hombre, en virtud de su nacimiento, es parte integrante de un nosotros -la gran familia humana- y, se

la obra de Künkel *El Consejo Psicológico).*

131

dé cuenta o no, se halla enlazado, como enzarzado, con las vidas de otros individuos de su propia naturaleza. Es a lo que se llama "el nosotros originario".

Explica Künkel que la primera experiencia psicológica de esta realidad metafísica, la vive el niño indefectiblemente en las relaciones elementales con su madre. Recuerdo el ejemplo típico: la madre que al bañarlo le dice: "nos estamos bañando", y, al darle la comida, aunque ella no prueba bocado: "qué rica es la comida que estamos comiendo". Y después: "Ahora vamos a dormir", a pesar de que ella permanecerá en vigilancia. Con la simplicidad de estos ejemplos, expresa el sentimiento directo de la propia existencia en un NOSOTROS, del que ambos forman parte, como de una entidad más vasta y elevada que los envuelve y los conglutina.

Esta mutua participación de dos seres en una común experiencia puede ampliarse de tal modo que sus raíces alcancen la misma esfera biológica: el niño se debilita y se perturba cuando la madre atraviesa dificultades o enfermedades. La medre sufre, se inquieta, incluso enferma, si algo amenaza la salud de su hijo. El organismo de la madre produce leche porque es lo que el niño necesita para vivir.

2. LA RUPTURA: EL AISLAMIENTO DEL YO

Pero esta enriquecedora experiencia original está amenazada por un constante peligro. Irremediablemente ha de sobrevenir la ruptura del NOSOTROS originario y el aislamiento del yo. Explica Künkel: "Tarde o temprano el niño tendrá que asumir que es una persona autónoma, y aprenderá a valerse por sí mismo y a hacer frente a sus propias responsabilidades".

Pero supongamos que el niño tiene un capricho. Un "no" incontrolado por parte de su madre podrá adquirir para él el significado de una subterránea falta de amor. Será una traición a su inocente fe en NOSOTROS.

133

133

El niño comete una falta. La medre se muestra desmedidamente severa, impaciente, desesperada: le pega. La comunidad del NOSOTROS se quiebra. El niño siente que tiene que defenderse de su madre, que está solo frente a la amenaza. Ha perdido la confianza incondicional.

Un momento de la ruptura del NOSOTROS, y del consecuente refugio del YO en sí mismo, lo expresa Anna Frank en una de las páginas de su DIARIO: "Mi madre y yo no tenemos ya nada en común. No me comprende. Cada vez que quiero explicarle mis puntos de vista sobre la vida me pregunta si estoy constipada...."

A esta segunda fase de ruptura y de aislamiento del YO, Künkel la denomina de EGOCENTRISMO.

Las repercusiones vitales de esta primera ruptura, y del aislamiento consecuente, pueden tener consecuencias que no se quedan en el plano de los puramente sentimental y caracteriológico. El

134

EGOCENTRISMO se irá desarrollando y el "shok" producido en la personalidad puede llegar a repercutir en el equilibrio existencial de la persona.

3. DEL YO AL NOSOTROS

La única solución humana está en el regreso al NOSOTROS. "Del Yo al Nosotros" es el libro de Fritz Künkel, en el que expone sus singulares procedimientos psicoterapéuticos.

Para Künkel el nuevo hallazgo del NOSOTROS se presentará subyugante, y en toda su intensidad, en el amor.

El amor es la realidad psíquica cotidiana que prueba la existencia metafísica -y metapsíquica- del NOSOTROS. Y este amor quizás en ninguna parte encuentre una expresión tan sensible como en la pareja comprometida, porque, como leemos en la Biblia, "serán dos en una misma carne", en un NOSOTROS.

135

135

"El paraíso infantil del nosotros originario - escribe Künkel- recobrará, en el amor reencontrado, nuevos horizontes de vida. Aquella profunda armonía y fácil productividad les brinda ahora alas para una existencia renovada. La posibilidad de sufrir en común, la lealtad y el valor para luchar contra las dificultades exteriores, se manifiestan, con plenitud, en la pareja enamorada".

El centro de acción vuelve a ser plural en este tercer momento. Los que viven la experiencia existencial del NOSOTROS forman un nuevo ser que los abarca, más fértil y poderoso de lo que cada uno podría llegar a ser por sí solo. El "dos en una sola carne" de la Biblia, encuentra en esta solidaridad su plenitud de significado.

"Porque fuerte es el amor,
como la muerte,
e inconmovible la pasión
como una tumba".

136

136

Resulta interesante advertir cómo, en el lenguaje cotidiano, las palabras con la que se expresa la realización práctica del amor, contienen esta realidad psicológica de la ampliación del Yo en el Nosotros, mediante la utilización del morfema "con". En la práctica cotidiana de la vida, el amor es com-prensión, y com-pasión, y con-vivencia y con-penetración. Con las personas amadas com-partimos, nos con-dolemos, nos con-gratulamos, co-rrespondemos, co-laboramos y con-amamos....

"Comprender" no es salir de mi propia perspectiva para valorar benignamente la situación de "el otro". Comprender es identificarse con el otro, "fundir mi perspectiva con la suya", en frase de Ortega. Por eso afirmó Graham Greenne en su vieja novela "El revés de la Trama": "Amar es el deseo de com-prenderse".

 137

PRÁCTICA 3ª: SOBRE LA *FICCIÓN DIRECTRIZ*

Recordamos que la *Ficción Directriz* es el modo singular por medio del cual cada persona *imagina*, en su *fantasía íntima*, poder lograr su valimiento, alcanzar su autorealización y superar sus dificultades.

Esta *Ficción Directriz* determina, consciente o inconscientemente, comportamientos y actitudes y configura, desde su íntimo dinamismo, el *Estilo de Vida*.

EJERCICIO 1º: Identificación de *Metas Vitales*

Proponemos una lista de esos posibles objetivos o finalidades vitales que orientan la *Ficción Directriz* de cada persona.

El Ejercicio consiste en dejar leer a la persona examinada la lista de objetivos vitales que proponemos en la página siguiente, o leérsela con

138 138

voz neutral, sin inflexiones que intenten destacar alguna palabra sobre otras.

Ganar dinero

Vivir en paz

Vivir bien

Servir a los demás

Ser famoso/a

Ser importante

Tener influencia

Ser el/la mejor

Tener poder

Saber mucho

Demostrar lo que valgo

Hacerme admirar

Que me quieran

Que me acepten

Que me cuiden

Salir de la soledad

Superar mi enfermedad

Ascender en la escala social

Atender a mi familia

Triunfar en mi profesión

Mejorar en mi trabajo

Cumplir la voluntad de Dios

Cumplir con mi obligación

Demostrar que soy útil

Ser perfecto/a

Hacer lo que quiero

Ser más que los demás

Ser un/a conquistador/a

Que me respeten

Que me toque la lotería

Cooperar en un proyecto solidario

Ser simpático/a

Disfrutar de la vida

Que me cuiden

Sentirme libre

Ayudar a la gente

Ser independiente

Luchar por la justicia y por la paz

140

1) Se le deja leer la lista, o se le lee, una sola vez. Inmediatamente después se le propone que realice una actividad mental que exija toda su atención y concentración: por ejemplo que, sobre un folio donde se le escribe el nº 500, vaya restando de 7 en 7 cifras hasta llegar al 0.

2) A continuación se le pide que escriba las frases leídas que recuerde, en el orden que las recuerde. La hipótesis de base es que, después del ejercicio de concentración, se habrán disociado de la memoria aquellos objetivos no tienen significación endovivencial para el sujeto y que solo se recordará aquellos que hayan conectado con contenidos emocionales o intereses personales, posiblemente con alguna deformación que podrá revelar algún matiz significativo.

3) Se comenta, si se hace en grupo, la incidencia de esos objetivos en la construcción del

Sentimiento Comunitario y su capacidad para canalizar e impulsar la *Voluntad de Poder* en la propia realización y superación del *Sentimiento de Inferioridad.* Las elecciones egocéntricas se clasifican según la Tipología de Künkel, expuesta en la Práctica 2ª.

EJERCICIO 2º: CUESTIONARIO para recoger datos sobre el contenido de Valores e Intereses del sujeto, de su Ficción Directriz y de sus Metas Vitales.**[*]

1. Pensando seriamente, si te dijesen que te iban a quitar todo
cuanto tienes (incluyendo la vida y bienes de todo género) excepto diez cosas a tu elección: ¿Qué cosas escogerías? -Ponlas por orden de importancia,

---

[*] Este cuestionario está adaptado a partir de un material propuesto por J. Ibáñez en su "Método de Orientación Profesional" (Razón y Fe. 1965)

añadiendo la razón personal que te mueve a elegir cada cosa:

2. Indica las cinco cosas que, a tu juicio, son las más importantes para conseguir éxito en la vida. Añade una breve frase que indique el "por que" de cada una:

3. Si pudieras disponer a tu pleno arbitrio de una gran fortuna, y también   dispusieras libremente de tu tiempo,

a)¿a qué ocupaciones te   gustaría dedicarte? - Ponlas por orden de preferencia.

b)Suponiendo que el que va a leer tu respuesta no tiene ni diea de lo que es cada una de esas ocupaciones. ¿Cómo las describirías, una a una, breve y sugerentemente?

c)¿Y qué ocupaciones te serían personalmente más desagradables? -Ponlas por orden de repugnancia: primero la menos agradable, etc.

4. Imagínate que te dan 100.000 pesetas cada mes, con la condición de que las gastes en lo que quieras (tus necesidades personales y familiares ya las tienes cubiertas). ¿En qué las emplearías? Haz una lista de 10 posibles empleos.

5. Puestos a imaginar, piensa ahora la siguiente hipótesis:

Supongamos que te dijeran: "Después de tu existencia humana, has de tener en este mundo otra existencia. Serás lo que prefieras, excepto persona humana. Elige". ¿Qué desearías ser?

Y, segunda pregunta: Supongamos que el que te interroga nunca ha visto ni sabe como es eso que tú desearías ser. ¿Cómo se lo describirías brevemente, con sus principales rasgos?

6. En el mismo supuesto de la pregunta anterior ¿qué es lo que menos te gustaría ser? Descríbelo con sus principales rasgos.

PRÁCTICA 4ª: SOBRE MECANISMOS DE AUTODEFENSA INTERPERSONAL

Desde la inseguridad, el desvalimiento y la indefensión de su experiencia primaria de inferioridad, la persona moviliza reacciones autodefensivas frente a los riesgos y amenazas que se originan o se perciben en situaciones sociales e interpersonales. Estos mecanismos de autodefensa pueden ser bien utilizados y regulados por el YO, desde su *Voluntad de Poder* y de superación, para que integrados en el *Sentimiento de Comunidad* colaboren al equilibrio social e interpersonal. Pero si están superreforzados o fijados patológicamente, podrán interferir y bloquear el *Sentimiento de Comunidad* y atrapar a la persona en el Complejo o en la Neurosis.

 146

De un modo general, podemos decir que las amenazas sociales e interpersonales pueden ser percibidas por el YO desde dos dimensiones:

-Amenazas contra la *seguridad física personal.*

-Amenazas contra la *Autoestima* y la

Valoración Social de la persona.

A su vez, estas dos dimensiones de amenazas sociales e interpersonales son percibidas dentro de dos categorías o constructos mentales:

A-La categoría *Conocido-Desconocido*, que tiene so origen en la necesidad de *reducir la incertidumbre* (que amenaza a la seguridad y a la posible valoración de parte de los demás). Las reacciones típicas de autoclarificación mental frente a la incertidumbre son:

*La *clasificación*

*El *juicio*

*La atribución de *cualidades*

*La atribución de *intenciones*

*La *aceptación incondicional*,

el   cheque   en   blanco,   la

conformidad.

B-La categoría *Bueno- Malo,* en

función de las necesidades, las motivaciones y los

objetivos personales, o metas vitales de la persona.

Las reacciones típicas se configuran

según tres reflejos instintivos:

-Acercamiento

-Inhibición

-Evitación

-Acometividad

> Todas estas reacciones o *comportamientos primarios*, se producen con la mayor frecuencia con *signos paralingüísticos* (sonrisas, posturas, gestos...) con la finalidad, como hemos reiterado, de defender al YO-SOCIAL en sus relaciones con el medio.

CLASIFICACIÓN FENOMENOLÓGICA DE LAS DEFENSAS SOCIALES

En los epígrafes para la descripción de los tipos clasificados, tomamos la denominación discriminatoria de los tres tipos de Freud, según su tópica del *aparato psíquico:* El tipo OBSESIONAL, dominado por el SUPER-YO; el tipo ERÓTICO-IMPULSIVO, avasallado por la fuerza del ELLO; el tipo NARCISISTA, determinado por los interés del

149
149

YO. Se tiene en cuenta también el movimiento RESTRICTIVO (represivo)-EXPANSIVO de la carga energética psíquica.

I.-REACCIONES IMPULSIVO-EXPANSIVAS: EL *ATAQUE*

Cuando "el otro" es percibido como una amenaza, *atacar* constituye la reacción primaria, inmediata, del organismo, impulsado por la fuerza del *Instinto de Conservación* para preservar la *seguridad* o el *propio valer* (la autoafirmación frente el contrario).

Este ataque puede ser:

a) Según la instrumentalización de la agresión:

Verbal (insulto, acusación, crítica...)

Físico (daño material)

150

150

b) Según el objeto final de la agresión:

-*Directo* (a la persona amenazante)

-*Indirecto* (a los de su familia, o su raza etc., o daño a algún objeto de su pertenencia)

d) Según el momento de la agresión:

-*Inmediato*

-*Retardado* (premeditación)

Las *reacciones impulsivo-expansivas* de agresividad, manificstan otras dos modalidades:

*La agresión *preventiva* (tomar la delantera en el ataque)

*El ataque por *legítima defensa* (que puede ser *verbal* o *físico,* pero siempre *inmediato* y directo)

151

151

II.-REACCIONES EXPANSIVO-NARCISÍSTICAS

Se expresan desde una *actitud de superioridad* y adquieren tres modalidades típicas:

*Modalidad de *intimidación:* resaltar la propia prestancia y superioridad, ostentar títulos, méritos, experiencia, triunfos; hacerse el que *"va pisando fuerte"*, el que *"viene de vuelta"*; exhibir signos materiales o gestuales de clase social, de pertenencia familiar o profesional o política, *"no sabes con quién estás hablando"* etc.

*Modalidad de *amedrantamiento:* Amenazas y desafíos proferidos con intención de desanimar o desmoralizar "al contrario", de tomarle ventaja, *"conmigo hay que andarse con cuidado", "yo soy* *de los que me las gasto..."*

Miradas desafiantes (levantar la ceja izquierda, mantener la mirada fija); gesto despectivo; alzar el tono de voz...

Todos son modos de afirmarse contra la posible desvalorización, anticipándose con señales de prepotencia.

*Modalidad de *autoengrandecimiento*: Sin intención de amedrantar, sin proferir amenazas, el individuo, desde su sentimiento de inferioridad o desde su temor a la posible desvalorización, el individuo *"infla su YO"*, como hacen ciertos animales ahuecando sus plumas, con la pretensión de *impresionar* a su potencial enemigo, *"a ver quien se atreve a medirse conmigo",* de *disuadirle* del empleo actuaciones dominadoras o desvalorativas.

Con esta finalidad procura alardear;

153

153

hacerse el interesante, el experto, el culto, el seguro de sí, el desenvuelto. Utiliza trajes raros, originales; exhibe medallas o condecoraciones; adopta actitudes marciales etc.

III.- REACCIONES RESTRICTIVO-OBSESIVAS

Este tipo de reacciones presenta también tres modalidades típicas:

A. La modalidad de *EVITACIÓN*

La intención autodefensiva de estas reacciones de *evitación* llevan a la persona a:

a) intentar *pasar inadvertido o desapercibido*: ponerse al final en la clase, en la última fila en el cine; quedarse en la puerta en una conferencia empezada, etc.

b) Se *eluden* los encuentros, como cruzar la acera disimuladamente, o mirar un escaparate, ante la cercanía de una persona conocida.

c) *Esconderse*

d) Mantener *secretos:* (relación secreta, pasado secreto, conducta secreta, incluso logros secretos...) para evitar ser puesto en cuestión o desvalorizado.

e) Los *distanciamientos,* incluso las *huídas* (de una reunión, de una celebración, incluso del trabajo), con la intencionalidad de *"poner tierra por medio".*

B. La modalidad de SIMULACIÓN:

Es el intento de *engañar* con la finalidad de evitar la desvalorización, la puesta a prueba, o las reacciones punitivas de parte de otros. Para lo cual se adoptan:

-*Máscaras sociales*: *"cara de mosquita muerta",* de quien *"no ha roto un plato",* etc.

-*Conformismos de apariencia*: p.e., fórmulas y actitudes de cortesía.

-*Camuflajes:* hacerse el tonto, el inocente, el extranjero, "el que no se ha enterado"...

-*Mentiras:* negación abierta de la realidad experimentada.

-*Deformaciones*

156

intencionadas, con la finalidad de *confundir*, de *involucrar* a terceros, etc.

C. La modalidad de BLOQUEO, que presenta tres submodalidades:

* La *inhibición,* que corresponde a la *inmovilidad defensiva* del animal ente el peligro, *"hacerse el muerto"*. Se trata de un reflejo arcaico, inscrito en las capas más antiguas del cerebro. Una de sus manifestaciones es el *estupor*, no poder reaccionar, *"quedarse la mente en blanco"*, la paralización motora.

* Otra modalidad de la reacción de *bloqueo* sería la *apatía autodefensiva:* el desinterés, *"hacerse el sordo"*, el *desentendimiento, "qué se me ha perdido a mí en este lugar o en este asunto..."*

157 157

* La tercera submodalidad sería la *rigidez mental, la inflexibilidad*: no querer apearse de su posición, o de sus ideas; aferrarse a los hechos o a lo dicho sin discusión, *"lo dicho dicho está"*, etc.

IV.- REACCIONES *RESTRICTIVO-NARCISISTAS*

Se expresan desde una actitud de *Inferioridad*, de la que se espera extraer un beneficio.

1. La modalidad de PUSILANIMIDAD y RETRAIMIENTO

* La *autodisminución narcisista*: hacerse el *pequeño* delante de los demás, buscando disimuladamente algún reconocimiento, *"qué*

158

158

humilde es", o para convencer de que no vale la pena que se le ataque, que es inofensivo, insignificante, y provocar al mismo tiempo el sentimiento de pena y la atención compasiva.

* La *autodesvaloración abierta*, antes de ser desvalorizado, o enjuiciado, o confrontado: *"yo soy un pobre diablo"*, *"no entiendo de nada"*, *"tiene usted razón: es que yo no sé dónde tengo los ojos"*, etc.

* La p*usilanimidad melancólica*: cara de *"perro apaleado"*, salir con *"el rabo entre las patas"*; sonrisas apenadas para no contrariar: *"lo que tu digas: ya da igual todo;* *"yo sabía que me tenía que pasar a mí"*, etc.

2. La modalidad de SUMISIÓN:

El *servilismo*; la *conformidad*

 159

automática ("¿Adónde vas, Vicente?, adonde va la gente"), ponerse de acuerdo enseguida, nunca contrariar lo que otro piensa o dice; ser *conciliador* incondicional, dar la razón a todos, *"sin convencer a tirios ni a troyanos".*

La *adulación,* de palabra o con gestos: besar la mano, hacer reverencias, bajar los ojos, dejar el paso, etc.

V. REACCIONES IMPULSIVO-*NARCISISTAS*

1. Modalidad de JUSTIFICACIÓN: Se aduce siempre una excusa justificatoria para desarmar el argumento desvalorativo del "contrario" y preservar la propia imagen valorativa:

*Excusas sociales: *"me vi obligado";* "no me habían prevenido"...*

160
160

*Inculpación: *"fue por culpa de..."*

*Racionalizaciones: *"a pesar de todo, ha sido mejor..."; "de no haber actuado así las consecuencias habrían sido peores"; "no hay mal que por bien no venga",* etc.

* Alardes de virtud: *"yo que siempre..."*

* Sofismas dialécticos para demostrar:

.que yo tenía razón

.que no tuve mala intención

.que tenía derecho a hacerlo

.que fue por olvido involuntario

.que estaba cansado

.que tuve mala suerte

.etc. etc.

*La enfermedad como excusa social

2. La modalidad de SEDUCCIÓN:

*Ser encantador/a, "sexy"
*Ceder "generosamente" el propio derecho
*Hacerse cómplice del otro
*Comprar con halagos y adulaciones la benevolencia del otro
*Seducción demagógica ante el grupo: decir siempre aquello que esperan o desean escuchar

162

EJERCICIO

Proponemos a continuación una lista de comportamientos de **niños en edad escolar**, observados por profesores "en prácticas". Se trata de discriminar las auténticas *conductas socializadas,* canalizadas a través del *Sentimiento Comunitario*, y las que suponen una *reacción de autodefensa social,* clasificándolas según sus géneros y modalidades descritos en esta PRÁCTICA.

-*Actúa para llamar la atención*
-*Manifiesta miedo ante los adultos que no conoce*
-*Se interesa por las cosas del Colegio*
-*Se pone de mal humor cuando las cosas no le salen bien*
-*Trata de molestar a los otros niños*
-*Se trastorna fácilmente por los cambios que ocurren a su alrededor*
-*Se ofrece como voluntario para actuar en la clase*

163 163

-Se queda resentido cuando los demás le critican

-Se asusta fácilmente

-Se burla de los demás compañeros

-Se concentra en sus tareas

-Se muestra terco/a

-Molesta a los demás con su conducta ruidosa

-Nunca levanta la voz, aún cuando tiene razón para enfadarse

--Se comporta con atención en la clase

-Tiene que hacer todo a su modo

-Pega y empuja a los otros niños o niñas

-Manifiesta temor a que le hagan daño en el juego

-Trae siempre las tareas terminadas

-Mira a los otros niños y niñas con recelo

-Le parece mal lo que hacen los compañeros o compañeras

-Le tiemblan las manos cuando sale a la pizarra

-Trabaja bien sin ayuda

-Manifiesta resentimiento

164 164

-Amenaza con pegar a los demás niños o niñas, cuando está de mal humor

-Nunca se defiende cuando otros le atacan

-Hace los deberes

-Le enfurece cualquier forma de disciplina

-Intenta ser el centro de la atención

-Parece que está ausente cuando juega

-Es popular entre sus compañeros y compañeras

-Cuando está enfadado/a, no quiere hablar con nadie

-Le gusta siempre que le escuchen

-Teme equivocarse

-Ambiciona sacar las mejores notas de la clase

-Critica las órdenes del profesor

-Siempre encuentra una razón cuando no ha hecho algo que le han mandado

-Le cuesta hacer amigos/as

-Confía en sí mismo/a

-Cuando está enfadado/a, hace cosas como dar portazos o cerrar de golpe el pupitre

165 165

-Hace travesuras cuando no se le vigila

-Cede siempre cuando algún otro insiste en hacer algo distinto

-Parece estar dentro de su propio mundo, despreocupado de lo demás

-Es inconstante

-Se pone muy nervioso por cualquier cosa

-Es servicial

-Se hace el remolón cuando se le dice que haga algo

-Se comporta de modo temerario

-Piensa que no sirve para nada

-Acepta las sugerencias que se le hacen

-Hace alarde de fuerza y de dureza

-No se defiende aunque alguien le haya atacado

-Enfrenta las tareas difíciles con aire derrotista

-Le dan miedo los ruidos fuertes

-Se pelea con los que son más pequeños

-Prefiere estar y jugar solo/a

-Es tan alegre como los demás de su edad

-Se muestra maleducado con los mayores

-Es dominante frente a los otros niños o niñas

-Prefiere relacionarse con los de más edad. Se resiste a darse por vencido en tareas difíciles

-Los demás niños y niñas le temen

--No tiene amistades

-Mira siempre las cosas por el lado bueno

-Se guarda sus enfados para no molestar

-No respeta las cosas de los demás

-Hace cosas propias de niños o niñas más pequeños

-Es considerado/a con los demás

-Su rendimiento escolar está por debajo de su capacidad

-Interrumpe siempre a quien le esté hablando

-No hace preguntas cuando no entiende algo

-Detesta a los que le rodean

-Discute con los mayores

-En juegos competitivos es capaz de imponerse a los demás

-Nunca es un líder entre los de su edad

-Protesta por todo sin necesidad

167
167

-*Rara vez se excita*

-*Interrumpe deliberadamente haciendo preguntas tontas*

-*No le inquieta haberse equivocado*

-*Se defiende cuando intentan pegarle o insultarle*

-*Grita y levanta la voz fácilmente*

-*Emplea un lenguaje insultante y despectivo hacia los demás*

-*No acepta órdenes ni sugerencias de los de su edad*

-*Nunca se muestra enfadado*

-*A veces reacciona con rabietas*

-*Todo el mundo congenia muy bien con él/ella*

168

PRÁCTICA 5: SOBRE EL *SENTIMIENTO DE COMUNIDAD*

EJERCICIO PRIMERO: Test para evaluar la experiencia de PERTENENCIA e INTEGRACIÓN

La realización positiva del *Sentimiento de Comunidad* entraña una experiencia endovivencial de PERTENENCIA e INTEGRACIÖN en las distintas situaciones de relación interpersonal, que son la FAMILIA, la PAREJA, las relaciones de AMISTAD, y las que se establecen en la situación de TRABAJO.

Esta experiencia comprende la respuesta a cuatro necesidades subjetivas: la necesidad de **confianza y sinceridad** en mi relación con el otro, la necesidad de **comprensión,** la necesidad de **valoración y respeto** y la necesidad de **aceptación.**

169 169

El presente Test orienta la propia evaluación de la experiencia personal de Pertenencia e Integración en la respuesta a estas necesidades intrapíquicas, dentro del cuádruple ámbito de encuentro interpersonal.

Se puntúan los 16 enunciados siguientes, en relación a cada una de las cuatro situaciones interpersonales, según la siguiente clave:

SIEMPRE: 4; MUY FRECUENTEMENTE:3; FRECUENTEMENTE:2; POCAS VECES: 1; NUNCA o CASI NUNCA: 0

Mi familia, o mi pareja, o mis amigos, o en mi trabajo...

Me hacen confidencias; me cuentan cosas muy personales

170 170

A.- **Familia**   **Pareja**   **Amigos**   **Trabajo**

0 1 2 3 4   0 1 2 3 4   0 1 2 3 4   0 1 2 3 4

Me entienden; se dan cuenta de lo que en el fondo
       quiero decir

B.-   **F**   **P**   **A**   **T**

0 1 2 3 4   0 1 2 3 4   0 1 2 3 4   0 1 2 3 4

Me aceptan como soy

C.-   **F**   **P**   **A**   **T**

0 1 2 3 4   0 1 2 3 4   0 1 2 3 4   0 1 2 3 4

Cuando les molesto, se sienten libres para decírmelo

D.-   **F**   **P**   **A**   **T**

0 1 2 3 4   0 1 2 3 4   0 1 2 3 4   0 1 2 3 4

Se interesan por mí; noto que les importo

E.-   **F**   **P**   **A**   **T**

0 1 2 3 4   0 1 2 3 4   0 1 2 3 4   0 1 2 3 4

171

Crean un clima en el que puedo permitirme ser yo
    mismo

F.- **F**   **P**   **A**   **T**

   0 1 2 3 4   0 1 2 3 4   0 1 2 3 4   0 1 2 3 4

Perciben la clase de persona que soy yo

G.- **F**   **P**   **A**   **T**

   0 1 2 3 4 0 1 2 3 4   0 1 2 3 4   0 1 2 3 4

Me incluyen; cuentan conmigo

H.- **F**   **P**   **A**   **T**

0 1 2 3 4 0 1 2 3 4   0 1 2 3 4   0 1 2 3 4

Son francos y abiertos conmigo

I.-   **F**   **P**   **A**   **T**

0 1 2 3 4   0 1 2 3 4   0 1 2 3 4   0 1 2 3 4

Se dan cuenta cuando hay algo que me está
molestando

J.-   **F**   **P**   **A**   **T**

0 1 2 3 4   0 1 2 3 4   0 1 2 3 4   0 1 2 3 4

Me respetan como persona, con independencia de
mi categoría profesional o social

K.-   **F**   **P**   **A**   **T**

0 1 2 3 4   0 1 2 3 4   0 1 2 3 4   0 1 2 3 4

Los siguientes enunciados se puntúan a la inversa:

NUNCA: 4,   POCAS   VECES: 3,
     FRECUENTEMENTE: 2

MUY FRECUENTEMENTE: 1, SIEMPRE: O

Me interrumpen o ignoran mis comentarios

L.-   **F**   **P**   **A**   **T**

43210   43210   43210   43210

Se callan para no molestarme o herir mis sentimientos

M.-   **F**   **P**   **A**   **T**

43210   43210   43210   43210

Me siento juzgado, o con sus palabras o con sus actuaciones

N.- **F**   **P**   **A**   **T**

43210   43210   43210   43210

174   174

Ridiculizan o desaprueban algunos de mis rasgos o

peculiaridades de mi forma de ser o actuar

O.-   **F**   **P**   **A**   **T**

4 3 2 1 0   4 3 2 1 0   4 3 2 1 0   4 3 2 1 0

Interpretan mal lo que hago; lo distorsionan

P.-   **F**   **P**   **A**   **T**

4 3 2 1 0   4 3 2 1 0   4 3 2 10   4 3 2 1 0

INTERPRETACIÓN:

La Puntuación Total MAXIMA es de 64 puntos

NORMAL entre 40-48 puntos

BAJA menos de 40 puntos

En cada una de las 4 variables, MAXIMA: 16 puntos

MEDIA: 12 puntos

BAJA: menos de 10 puntos

SUMANDO los puntos de A, D, I, M, en FAMILIA=

PAREJA =

AMIGOS=

TRABAJO=

nos da la valoración de la **SINCERIDAD,**

CONFIANZA

SUMANDO los puntos de B, G, J, P, en FAMILIA=

PAREJA=

AMIGOS=

TRABAJO=

nos da la valoración de la **COMPRENSIÓN**

SUMANDO los puntos de E, H, K, L, en FAMILIA=

PAREJA=

AMIGOS=

TRABAJO=

nos da la valoración del **RESPETO, VALORACIÓN**

176 176

SUMANDO los puntos en C, F, N, O en	FAMILIA=
	PAREJA=
	AMIGOS=
	TRABAJO=
nos da la valoración de la **ACEPTACIÓN**	

178

EJERCICIO 2: DOMINANCIA Y SOCIABILIDAD

Adler asegura que todos los problemas vitales concurren dentro de tres espacios delimitados que ya hemos mencionado varias veces: *la vida social, el trabajo y el amor.*[21] En enfrentamiento con los problemas que surgen en estos tres espacios vitales exige, para su debida solución, la conjugación adecuada y proporcionada de dos componentes píquicos, que son la *Sociabilidad*, que expresa nuestro *Sentimiento de Comunidad*, ya que los tres espacios se fundamentan en relaciones interpersonales, y la *Dominancia* que surge del *Sentimiento de Inferioridad* y del impulso para superarlo, dominarlo y poder conseguir el autovalimiento. En la situación de trabajo, estos dos componentes, *Dominancia* y *Sociabilidad*, adquieren especial significación, ya que por una parte

---

[21] ADLER, *El Sentido de la Vida*

condiciona y asegura el propio *"puesto en la vida"*, y por otra parte este puesto está al *servicio de los demás*, para colaborar en la responsabilidad común de construir progresivamente el mundo entre todos.

El Ejercicio pretende proporcionar el fundamento para una reflexión sobre estas *actitudes básicas* que configurar nuestro *estilo de actuación*. Estas actitudes se van a filtrar en nuestras comunicaciones, a cualquier nivel de la relación interpersonal y tendrán una influencia positiva o negativa sobre los demás.

A continuación reproducimos una *Lista de Comportamientos* expresados en términos verbales: *«decidir», «criticar», «desaprobar»...*

Se trata de ir leyendo, una a una, esas palabras, pensando hasta qué punto el

180

180

comportamiento expresado describe el propio comportamiento: *algo, bastante o mucho.* Entonces se señala trazando un círculo en el número correspondiente a la derecha de la lista de palabras.

Lista de comportamientos:

			ALGO	BASTANTE	MUCH0
I)		Decidir	1	2	3
		Criticar	1	2	3
		Desaprobar	1	2	3
		Juzgar	1	2	3
		Obligar	1	2	3
II)					
		Ceder	1	2	3
		Aplazar	1	2	3
		Retractarse	1	2	3
		Desentenderse	1	2	3

		1	2	3
	Lamentarse	1	2	3
III)				
	Aconsejar	1	2	3
	Coordinar	1	2	3
	Dirigir	1	2	3
	Iniciar	1	2	3
	Conducir	1	2	3
IV)				
	Conceder	1	2	3
	Concordar	1	2	3
	Cooperar	1	2	3
	Estimular	1	2	3
	Reconocer	1	2	3

En teoría psicológica, nuestra relación y comunicación con los demás está determinada por estas dos *actitudes de base* que se conjugan en cada persona con distinta proporción. Estas actitudes fundamentales son: *Dominancia y Sociabilidad.*

Dominancia: es la capacidad o la tendencia a imponerse a los demás, a someterlos, a dirigirlos, a empujarlos hacia los propios objetivos o intereses.

Sociabilidad: expresa el interés por los demás, la comprensión, el deseo de participar con ellos, el respeto a los objetivos, fines y valores de cada persona.

Nuestro comportamiento y nuestra comunicación están condicionados por estos dos componentes psicológicos.

Existen personas en las que predomina la *Dominancia*: los que tienen la dominancia ALTA y la Sociabilidad BAJA

.

En otros predomina la *Sociabilidad* : tienen la Sociabilidad ALTA y la Dominancia BAJA.

En algunas personas se dan en alta proporción los dos componentes: *Dominancia* ALTA y *Sociabilidad* ALTA).

Por último, hay quienes tienen BAJA tanto la *Dominancia* como la *Sociabilidad*.

Esto es lo que se expresa en el gráfico siguiente:

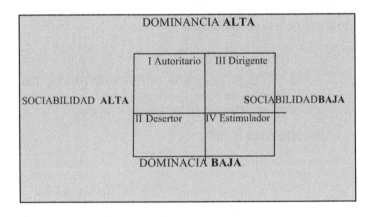

En la lista de comportamientos, éstos están agrupados en cuatro grupos de cinco palabras. Se suman los puntos ob

 184

Tipo autoritario=

Tipo desertor=

Tipo dirigente=

Tipo estimulador=

De la teoría psicológica de Carl Rogers, que tanta in fluencia ha teniendo en las orientaciones psicopedagógicas de la actualidad, se desprende que:

- Mientras más DOMINANCIA se ejerza sobre las personas, menos posibilidad de que la persona se haga autoresponsable, progrese hacia la madurez y se realice a si misma.

- Mientras menos dominancia, y más SOCIABILIDAD, más posibilidades de que la persona sea ella misma, crezca y maduro psicológicamente, se haga responsable, se motive y

185
185

estimule en camino hacia su propia autorealización.

Por otra parte, Fritz Künkel ha escrito que la madurez de la personalidad se condiciona a la consecución de tres conquistas psicológicas :

-Primera: Convertir los *prejuicios e ignorancias* de una mentalidad infantil en *convencimientos* personales, en convicciones claras e irrefutables.

-Segunda: Reemplazar por *opciones personales,* por *decisiones libres y voluntarias* la sujeción al *legalismo riguroso de las normas*.

-Tercera: Dar un soplo de nueva vida a los gestos humanos nos, a las *acciones y reacciones oxidadas por la rutina*, y hacer gozosamente de nuestros actos - aún de los más triviales - una *actividad fértil y creadora*.

Es decir, la persona madura y autorealizada es la consigue pasar:

A) de los **PREJUICIOS** a los **CONVENCIMIENTOS**

B) del **SOMETIMIENTO** a la **LIBERTAD**

186

C) de la **ACCIÓN RUTINARIA** a la **ACCIÓN CREATIVA**

Resulta claro de lo expuesto que, para la consecución de esas tres conquistas psicológicas, las actitudes DOMINANTES son totalmente bloqueadoras y tienden a dejar a las personas estancadas en *los prejuicios, la dependencia y la rutina.*

EJERCICIO 3: COMPONENTES OPERATIVOS DEL
SENTIMIENTO DE COMUNIDAD

Proponemos a continuación una lista de algunas de las cualidades que integran la *Sociabilidad* y, seguidamente, una lista de definiciones que, **en otro orden**, corresponden a esas cualidades. Lo primero que hay que hacer en

187
187

este Ejercicio es relacionar las cualidades con sus definiciones. *En el espacio que precede a cada definición, se debe poner el nombre de la cualidad definida.*

 188

Cualidades de la SOCIABILIDAD

Responsabilidad	Abnegación
Sentido del humor	Humildad
Compostura	Criterio
Inteligencia	Coraje
Iniciativa	Simpatía
Integridad	
Sensibilidad	
Decisión	Lealtad
Tacto	Entusiasmo
Perseverancia	Energía
Generosidad	
Benevolencia	

DEFINICIONES

_____cualidad que lleva a sacrificar los propios intereses en aras del bien ajeno. Aunque la propia conservación es la primera ley de la naturaleza, el sacrificio por otros es una ley humana necesaria.

_____facultad mental que sopesa los datos y sus repercusiones, con el fin de elegir la soluciones que mejor servirán en beneficio común.

_____apoyándose en la confianza en sí mismo, es la cualidad que nos permite emprender una acción, teniendo en cuanta que vale más prever que arrepentirse.

_____capacidad para mantener la acción proyectada, para perseverar en ella y para conseguir con firmeza que los demás ofrezcan su colaboración. Uno de sus componentes es la autoridad.

_____celo e interés en la tarea, de modo que se llega a movilizar y estimular el interés de otras personas en la consecución de objetivos compartidos.

_____falta de arrogancia y orgullo, basada en el conocimiento de las propias limitaciones y deficiencias.

_____habilidad para lanzar ideas a la corriente de la acción. Tener esta cualidad significa emprender una acción por impulso propio.

_____es la cualidad de la persona que se compromete con sus ideas y principios: honesta,

191   191

incorruptible, intachable.

_____capacidad para relacionar los datos y usarlos adecuadamente.

_____constancia, firmeza, fidelidad. Compromiso afectuoso inquebrantable. Su falta destruiría las bases de la convivencia y de la amistad.

_____tesón, constancia. Primero *"elegir algo"*, segundo *"aferrarse a ello"*, tercero *"no soltarlo jamás"*.

_____disposición habitual para hacer el bien y para responder positivamente a las demandas de los demás. Supone actitudes benignas y comportamientos afables, serviciales y bienintencionados.

 192

_____modo personal y singular de presentarse. Sus factores son la postura, la vestimenta, la adaptabilidad...

_____cumplir lo prometido y ser consecuente, evitando la ambigüedad o la exageración. Satisfacer las justas expectativas o las demandas de los compromisos.

_____delicadeza de sentimiento; percepción fina de necesidades ajenas; actuación cuidadosa y adaptada a los distintos estados afectivos de los demás.

_____ capacidad para ver el lado risueño de las cosas; para reconocer el valor de la sonrisa contagiosa; para no amargarse en el pesimismo; para desdramatizar las emociones negativas. Un gesto amargo es siempre antipático.

193

_____afinidad efectuosa y comprensiva; disposición abierta, benevolente, hacia otros; capacidad de transmitir interés personal a los demás.

_____habilidad para tratar a las personas sin ofenderlas. Se ha dicho que frecuentemente una pizca de esta cualidad y de buen criterio disipa la resistencia y triunfa allí donde la fuerza ciega resultaría impotente.

_____actitud magnánima y desinteresada; desprendimiento de sí con liberalidad, comprensión y disposición dadivosa y entregada hacia otras personas.

Presentamos en el cuadro siguiente la lista de las cualidades, en el orden en que están puestas las definiciones. Esto servirá para corregir los posibles errores cometidos en su identificación conceptual.

 194

Proponemos también hacer una *autoevaluación*
del grado en el que uno crea poseer cada una de esas
cualidades, *algo, bastante o mucho.* Para lo cual bastará
rodear con un círculo el número 1, 2 o 3, que
corresponda. Si este ejercicio se realiza en grupo, se
puede pedir que cada uno evalúe a los demás y así
constatar como es uno percibido y valorado por los
otros, contrastándolo con la propia autoevaluación.

1. Abnegación	1	2	3
2. Coraje	1	2	3
3. Criterio	1	2	3
4. Decisión	1	2	3
5. Energía	1	2	3
6. Entusiasmo	1	2	3
7. Humildad	1	2	3
8. Iniciativa	1	2	3
9. Integridad	1	2	3
10.Inteligencia	1	2	3
11.Lealtad	1	2	3

12.Perseverancia	1	2	3
13.Benevolencia	1	2	3
14.Compostura	1	2	3
15.Responsabilidad	1	2	3
16.Sensibilidad	1	2	3
17.Sentido del humor	1	2	3
18.Simpatía	1	2	3
19.Tacto	1	2	3
20.Generosidad	1	2	3

Se propone, finalmente, ordenar la lista según la importancia que se le concede a cada una de esas cualidades en la creación, consistente, sólida y productiva, del auténtico *Sentimiento de Comunidad.*

196

PRÁCTICA 6ª: ESTUDIO DE CASOS

CASO PRIMERO

Está tomado del libro de Adler *El Sentido de la Vida.* Se trata de estudiar el caso aplicándole, como pauta de análisis, los *Siete Principios Básicos de la Psicología de Adler* y las *Doce Fases de la Psicoterapia Adleriana,* expuestos en los DOCUMENTOS 1 y 2 de la 2ª Parte de este libro.

"Una señora joven acude a nosotros como paciente, quejándose de un insuperable descontento que trata de atribuir a la circunstancia de tener todo el día ocupado por sus trabajos. Lo que podemos observar en su exterior es que es de un temperamento vivo, precipitado, con ojos intranquilos; se queja de que la acomete una gran intranquilidad tan pronto como se dispone a ir a

197

197

algún sitio o a emprender alguna labor. Las personas que la rodean nos dicen que todo lo lleva con dificultad y que parece sucumbir bajo la carga de sus quehaceres. La impresión general que nos produce es la de una persona que concede a todo excesiva importancia. Alguien que la conoce nos declara que siempre ha sido propensa a complicarlo todo.

Al examinar la propensión a considerar demasiado difícil e importante lo que tenga uno que hacer, no podemos por menos de pensar que tal propensión parece ser una apelación al mundo circundante para que no nos imponga más cargas, puesto que ni siquiera podemos salir adelante con lo más indispensable que hayamos de hacer. Pero lo que hasta ahora sabemos de esta mujer no nos puede bastar. Hemos de procurar que amplíe sus informaciones. En un análisis de esta clase hay que proceder con gran delicadeza y modestia para

198
198

no provocar una actitud defensiva por parte del paciente; las preguntas deben hacerse en un tono hipotético. Si se logra entablar con ella una conversación de confianza se podrá ir comprendiendo poco a poco (como en nuestro caso) que todo su modo de ser, toda su conducta trata de dar a entender a otra persona, probablemente su marido, que no puede soportar más carga, que reclama se la trate con más cuidado, con más delicadeza. Puede proseguirse la investigación para averiguar dónde todo este estado de cosas tuvo su principio, hasta que conseguimos confirmar nuestra suposición de que la paciente ha vivido durante cierto tiempo falta de todo cariño y ternura. Sobre esta base podemos entender mejor su comportamiento, como apelación a que se la considere y estime y como afán de evitar una recaída en una situación insuficiente para ella por su frialdad.

Nuestro hallazgo se confirma por una nueva noticia. La paciente nos habla de una amiga que es en muchos sentidos su contraparte, que es desgraciada en su matrimonio. Refiere que una vez la encontró con un libro en la mano, haciéndole ver a su marido con voz cansada que no sabía si podría tener la comida dispuesta a su debido tiempo, excitándole con esto de tal manera que se puso a criticarla con gran violencia. A esto agregó nuestra paciente: «Mi método es mucho mejor de todos modos, pues a mí nunca se me puede criticar así, ya que desde la mañana asta la noche estoy sobrecargada de trabajo. Si algún día no está a tiempo la comida, nadie me puede echar nada en cara, porque ando siempre excitada y con prisa».

Se ve claramente lo que ocurre en su alma. De un modo relativamente inocente intenta evitar toda crítica y lograr que se la trate siempre con mimo.

200

200

Como, en efecto, lo consigue, no puede aceptar tan fácilmente la orden de desistir de tal sistema. Este comportamiento oculta además otra cosa. La apelación al mimo, que parece preponderar sobre otro aspecto, es urgentísima como se ve.

Tan pronto como se pierde alguna cosa se pone esta mujer en una tensión que le produce dolores de cabeza y que no la deja dormir, estando siempre atormentada con preocupaciones que le parecen gigantescas, y hace todo lo posible por patentizar sus esfuerzos. Una invitación que reciba es ya para ella un asunto difícil, pues para corresponder a ella hacen falta grandes preparativos. La menor tarea le parece excesiva, así es que la visita de un huésped, resulta una labor pesadísima que requiere horas y hasta días de preparación, para acabar por desistir o llegar tarde.

Con una persona tal no puede pasar la

201 201

sociabilidad de ciertos límites, bastante restringidos.

Ahora bien; en las relaciones matrimoniales de dos personas existe una serie de aspectos que adquieren una significación peculiar por la apelación al cariño y a la consideración. Puede ocurrir que. el marido haya de estar ausente por asuntos de su profesión, e tenga una tertulia de amigos, que deba hacer solo ciertas visitas o que haya de asistir a juntas y reuniones. ¿No sería una falta de consideración dejar a la mujer sola en casa? En tal caso son inevitables los roces y puede ocurrir que el marido que vuelve a tu hogar se encuentre con la desagradable sorpresa de que su mujer le espera despierta y disgustada. Tampoco hay que olvidar que hay muchos hombres que se comportan de un modo similar a ellas. En el presente caso se trata de demostrar que la apelación al cariño puede manifestarse por otros derroteros. Así, por ejemplo, cuando el marido tiene que salir

202 202

una noche fuera de su casa, le dice su mujer que puesto que tan rara vez se reúne con sus amigos no debe volver demasiado pronto. Estas palabras dichas en broma contienen, no obstante, un aspecto bastante serio. La mujer, casi sin darse cuenta, no se atreve a ser demasiado intransigente, extremando, por el contrario, su amabilidad.

Es absolutamente claro el interés psicológico que este comportamiento ofrece. Por haber dado ella el permiso a su marido, lo consiente de buen grado, mientras que se sentiría ofendidísima si él se retrasara por su propia voluntad. De tal manera se convierte ella en la parte directora, haciendo depender a su marido de su dictamen.

Asociamos la apelación al cariño, de la que nos hemos ocupado, a lo que hemos conseguido saber de que esta mujer sólo tolera lo que ella misma ordena.

     203

Se nos ocurre que toda su vida está dirigida por un continuo impulso a representar siempre un primer papel, a mantener su superioridad y a no admitir ningún reproche. Esta línea directriz la hallamos en todas las situaciones de tal mujer. Así, por ejemplo, cuando se trata de cambiar de asistenta para los quehaceres domésticos, *se excita sobremanera por la preocupación de mantener su plena soberanía.* Lo mismo ocurre cuando se trata de salir de casa, pues *esto significa para ella salir de una esfera en la que su dominio está asegurado, para ir «al extranjero», a la calle, donde nada está sometido a su voluntad, donde hay que dejar paso a cada vehículo. Así, la causa y significado de tal tensión resultan muy claros si se considera la soberanía tan omnímoda que esta mujer reclama en su casa.*

Estos fenómenos se presentan a veces con un carácter tan simpático que en el primer momento no se le ocurre a uno que la persona en cuestión sufre.

204 204

Sin embargo, su sufrimiento puede ser muy grande.

Hay personas que evitan toda clase de vehículos por la sencilla razón de que en ellos no impera su propia voluntad, pudiendo llegar esto hasta el punto de que no quieran salir de casa.

El caso del que nos hemos ocupado constituye, además, un ejemplo muy instructivo para demostrar la manera como *las impresiones de la infancia tienen siempre efectos ulteriores en la vida de un ser humano.* Es innegable que la mujer en cuestión tenía razón desde su punto de vista, pues si uno orienta su vida en el sentido de exigir con vehemencia cariño, consideración y respeto, *el recurso de aparecer siempre excitado y sobrecargado de trabajo no es tan malo si gracias a él consigue eludir toda crítica y hacer que las. personas que le rodean se comporten dulcemente, auxiliándole y allanándole la vida.*

 205

Retrocediendo en la vida de nuestra paciente, nos enteramos de que *en la escuela se excitaba sobremanera, cuando no podía dar la lección bien, obligando así a su maestro a tratarla con dulzura.* Declara, además, lo siguiente: Era la mayor de tres hermanos; después de ella tenía un hermano y después de éste una hermana. Con su hermano se llevaba mal. Le parecía que era siempre el preferido y se indignaba mucho al observar que en su casa se seguían con gran interés los progresos escolares de él, mientras que ella, cuyo comportamiento era muy bueno en la escuela, encontraba una frialdad tal que no cesaba de pensar sobre el por qué de esta injusticia.

Comprendemos ya el anhelo de compensación de esta muchacha, pues por haber padecido desde su infancia una fuerte sensación continuada de inferioridad, es natural que tratara de compensarla

206

206

posteriormente. El resultado más inmediato fue hacerse una mala alumna en la escuela con el afán de llamar así la atención de sus padres.

Estos procesos eran bastante conscientes, pues ella nos declara terminantemente que quería ser una alumna mala. Sin embargo, sus malas notas en la escuela no preocuparon tampoco a sus padres en lo más mínimo. Luego ocurrió algo interesante: de repente volvió a presentar buenas notas, pero en este momento aparece en escena su hermana menor con malas notas también. Por esta hermana menor se preocupaba la madre casi tanto como por el hermano, por un motivo muy curioso. Mientras que las malas notas de nuestra paciente sólo se referían a la escuela, el comportamiento de la hermana menor era también bastante deficiente en otros aspectos, consiguiendo de esta manera mucho más fácilmente que la mayor, atraer sobre sí la atención preferente de su madre, ya que una mala nota en cuanto al

207 207

comportamiento es de un efecto social muy diferente. En este último caso es necesario que los padres se ocupen mucho más que cuando las malas notas solo afectan al plan de enseñanza

Así, pues, la derrota provisional era completa. Hemos de tener en cuenta que una derrota en tal sentido nunca es causa de descanso ni estabilización, porque ninguna persona tolera tal situación. Tal derrota provocará nuevos impulsos y estímulos que contribuirán poderosamente a la formación del carácter. Ahora comprenderemos algo mejor la angustia, la excitación de esta mujer y su prurito de parecer siempre abrumada de quehaceres. En un principio, tal comportamiento se refería a su madre y tenía el objeto de atraer sobre sí la atención de ella, siendo al mismo tiempo un reproche de que se la trataba peor que a la otra hermana. La disposición de ánimo de esta mujer, creada en su alma en aquel entonces y en el seno de

208 208

su familia, persistía hasta ahora de casada.

Pero aun es posible aprender más cosas, remontándolas a su primera infancia. Como incidente característico nos refiere que a los tres años de edad y cuando su hermano hacía poco que había venido al mundo, le había querido pegar con un pedazo de madera y que sólo la previsión de su madre había evitado un gran daño. La muchacha había comprendido ya, con una sensibilidad delicadísima, que la causa de su postergación era la circunstancia de ser niña y que pronto había de ser destronada por su hermano. Recuerda muy bien haber expresado en aquel tiempo muchísimas veces el deseo de ser chico.

La venida del hermano no sólo le robó el calor de su nido, sino que perturbó su disposición de ánimo por mostrarse al muchacho una consideración mucho mayor que a ella. En su afán de compensar

209
209

tal deficiencia vino a parar con el tiempo al sistema defensivo que le conocemos.

Un sueño nos acabará de demostrar *lo profundamente anclada que está la línea de movimiento de una persona en su vida anímica.* La mujer de que nos ocupamos sueña que conversa con su marido, pero éste no tiene apariencia de hombre, sino que es en realidad una mujer.

Ese solo detalle simboliza todo su patrón de vida. El sueño significa que ha logrado igualarse al marido. Ya no tiene que habérselas con un hombre superior a ella como durante su infancia lo era su hermano, sino con una mujer como ella. La diferencia de niveles ha desaparecido y en el sueño ha logrado ya lo que siempre deseó de niña.

Y así, uniendo dos puntos de la vida del alma de un ser humano, hemos descubierto de su línea de vida

210

210

la **Línea Directriz**, y hemos podido obtener de él una imagen coherente que podemos describir, en resumen, de la siguiente manera: nos encontramos ante una persona animada del afán de alcanzar la superioridad por medios amables".

212

CASO SEGUNDO

Se analiza este caso, tomado también de *El Sentido de la Vida* de Adler, aplicándole los Principios de la *Guía Psicológica Infantil,* expuestos en el DOCUMENTO 3 de la 2~ parte de este libro.

Transcribimos a continuación el sueño de una persona de veintiocho anos. La línea que va alternativamente hacia abajo y hacía arriba es similar a la curva representativa de un estado febril y denota muy claramente la agitación que anima el alma de dicha persona. El sentimiento de inferioridad del que parten los esfuerzos hacia arriba, hacia la superioridad, es fácil de reconocer. Lo que refiere la persona en cuestión:

«Hago una excursión con bastante gente. En una estación intermedia

213

213

tenemos que apearnos del barco en el que hacemos la travesía para pernoctar en la ciudad, por ser aquél demasiado pequeño para los que íbamos. Durante la noche nos viene la noticia de que el buque se hunde y de que todos los pasajeros debernos ayudar para que no se vaya a pique. Recuerdo que tenía cosas muy valiosas en mi equipaje y voy a toda prisa al barco, en el que ya encuentro a todo el mundo trabajando para su salvamento. Procuro eludir mi colaboración y me encamino a la sala de equipajes, logrando sacar mi maleta por la ventana. En este momento observo que, tirado en el suelo, hay un cortaplumas que me agrada; lo meto en mi equipaje. Con otro conocido que hallo al paso salto al mar en un lugar bastante oculto, y pronto vuelvo a tocar tierra. Como el promontorio me resulta demasiado alto, sigo nadando hasta llegar ante una hondonada bastante profunda, por la que tengo que descender. Resbalo por ella (a mi acompañante no le he vuelto a ver

214 214

desde que abandoné el barco) a una velocidad cada vez mayor, y temo romperme la cabeza. Llego, al fin, al fondo del barranco y me encuentro precisamente delante de un conocido. Era un hombre joven y, por lo demás, desconocido para mí, que había tomado una parte muy activa durante una huelga y que me había resultado simpático por ello, así como por su modo de ser. Me recibe con una exclamación llena de reproche, como si supiese que a los demás los había abandonado en el barco: ¿Qué buscas aquí?» Yo trataba de salir del barranco, que por todas partes estaba rodeado de empinadas paredes, de las que colgaban cuerdas. No me atrevía a utilizarlas, porque eran demasiado delgadas. Cada vez que intentaba trepar me resbalaba al suelo. Al fin me encontré arriba (no sé ya cómo); me parece como si esta parte del sueño no la hubiese querido soñar, como si hubiera dado un salto por impaciencia. Al borde del precipicio me encuentro en una calle protegida de él por una

 215

barandilla y por la que pasa gente, que me saluda
amistosamente.

CIRCUNSTANCIAS SOCIO-EVOLUTIVAS DE SU INFANCIA

Retrotrayéndonos en la vida de este individuo, nos enteramos, en primer lugar, de que hasta la edad de cinco anos había padecido una serie de enfermedades graves y de que también después había estado enfermo con frecuencia. Cuidado por sus padres con un gran temor, a causa de su debilidad física, casi nunca estuvo en contacto con otros niños. Cuando quería estar con personas mayores, sus padres le hacían ver que no era el sitio que le correspondía. De esta manera prescindió muy pronto de la convivencia humana y dejó de aprender lo que sólo puede aprenderse estando en contacto continuo con otras personas. Otra consecuencia era

216 216

la de que creció muy retrasado con respecto a sus camaradas de igual edad, no pudiendo competir con ellos. No es, pues, de extrañar que se le tratara siempre de tonto y que se burlaran de él, circunstancia que le impidió buscar y encontrar

Todas estas cosas llevaron al máximo grado su sentimiento de inferioridad, muy acusado ya. Su educación fue dirigida por un padre bueno, pero colérico (militar), y por una madre débil, incomprensiva y muy dominante. Fue desde luego muy severa, a pesar de que los padres insistían siempre en la buena voluntad que les guiaba. Un papel muy importante jugó en ella la humillación. Muy característico es uno de los primeros recuerdos infantiles, de una ocasión en la que la madre, teniendo el tres años, le hizo estar arrodillado durante media hora sobre guisantes. La razón fue una desobediencia, cuya causa, que la madre sabía muy bien porque el niño la manifestó, fue la de no

217 217

cumplir un encargo de la madre por temor a un hombre a caballo. Sin embargo, rara vez le azotaba; perro cuando esto ocurría era con un látigo de muchas correas, y nunca sin que él después hubiera de pedir perdón y declarar por qué se le había azotado. *"Es preciso que el niño sepa a lo que da motivo"*, decía siempre el padre. Ocurrió alguna vez que se le azotó injustamente, y al no poder decir después el motivo, se le continuó azotando hasta que confesó cualquier cosa.

Así, pues, muy pronto se produjo una situación hostil entre los padres y el niño, habiendo tomado tales dimensiones el sentimiento de inferioridad de éste que no conoció ni por un momento la sensación de ser superior o estar por encima de algo. Su vida, tanto en la escuela como en su casa, fue una cadena ininterrumpida de vejaciones, estándole prohibida hasta la menor victoria. En la escuela, aun cuando tenía dieciocho

218 218

años, era el hazmerreír de todos, y hasta un profesor se burló una vez de tino de sus trabajos, leyéndolo en presencia de todos los demás alumnos. Tal estado de cosas le fue aislando cada vez más.

En la lucha con sus padres recurrió a un medio efectivo, pero de funestas consecuencias para él: renuncio a hablar, prescindiendo así del más importante instrumento de relación con el mundo circundante. No comprendido por nadie, a nadie hablaba, y mucho menos a sus padres. Fracasaron todas las tentativas de ponerle en relación con otros, así como también todos los propósitos matrimoniales.

De esta manera continuó su vida hasta los veintiocho años.. El profundo sentimiento de inferioridad, del que su alma estaba imbuida, tuvo corno consecuencia una ambición sin igual, un afán indomable de superioridad, que no le dejaba punto de sosiego y que estrechaba de una manera inaudita

219 219

su Sentimiento de comunidad. Cuanto menos hablaba tanto más movida era la vida de su alma, llena día y noche con sueños, victorias y triunfos.

Así es como llegó a soñar el sueño que hemos descrito, en el que se refleja con toda claridad el movimiento, la línea, la trayectoria de su vida anímica.

PRÁCTICA 7ª: TEST AUTODIAGNÓSTICO DEL *COMPLEJO DE INFERIORIDAD*

Pon una señal junto a la letra que corresponda a tu respuesta. Si se trata de una situación que te es ajena, señala lo que tu crees que sería tu reacción en tal situación[23].

1. Si se me hace esperar demasiado tiempo para ser atendido por un profesional (médico, abogado, funcionario, mecánico del coche...)

C) Protesto e intento enérgicamente forzar una reducción de la espera

B) Me ejercito en la paciencia para no

---

[23] Las preguntas de este test están elaboradas, con muchas correcciones, modificaciones y adaptaciones, de un material tomados de apuntes antiguos, cuya autoría original me ha sido imposible verificar.

provocar o no llamar la atención

    A) Expreso mi protesta con corrección pero con firmeza

2. No me importa demasiado si algún conocido me rehuye o no me mira con simpatía

    A) Verdadero

    F) Falso

3. Si me encuentro enmedio de una discusión que se hace cada vez más acalorada

    C) Disfruto con esa situación e intento "echar más leña al fuego"

    D) Procura mantener mi compostura y adoptar un rol moderador

    B) Agradezco que se me libere de tal situación y me quito de enmedio

4. **Cuando atravieso un local y veo que todas las miradas se dirigen a mí, me siento inseguro**

      F) Verdadero
      A) Falso

5. **Mi hijo me manifiesta que la mala calificación recibida en una asignatura es injusta**

      B) Considero que el profesor sabe lo que hace y eludo una reclamación
      C) Me pongo inmediatamente en contacto con el profesor, para discutir la nota y reclamarle una   rectificación

6. **Si a pesar del frío que hace, el conserje de mi inmueble, o de la oficina, no ha puesto todavía la calefacción**

223 223

B) Espero a que otros inquilinos o empleados se lo digan

E) Hablo con él y le hago ver la necesidad

C) Le advierto de su descuido y le exijo la inmediata puesta en funcionamiento

7. Si otras personan me elogian exageradamente

F) Me siento incómodo y rechazo tanta alabanza

D) Considero que es una alabanza sincera de parte de ellos y la agradezco cordialmente

C) Me produce una grandísima satisfacción y así se lo manifiesto a todos

8. Cuando estoy metido en un trabajo importante y un amigo me interrumpe

B) Dejo inmediatamente el trabajo

C) Le digo al amigo que me deje en paz, que

está siendo inoportuno y que vuelva en otro momento

9. Cuando tengo que tratar con personas caprichosas o pesadas

F) Siempre me siento incómodo y no sé como actuar

E) Creo que sé cómo disuadirlas

10. Si una persona se me adelanta descaradamente y me quita el puesto de aparcamiento que estoy a punto de ocupar

B) Me voy a buscar otro sitio, ¿qué remedio?

E) Le advierto que su proceder ha sido injusto y espero para que me deje el sitio libre

C) Le exijo enérgicamente que me deje libre el aparcamiento, y si es necesario, con amenazas

225 225

11. Descubro que no se me ha tenido en cuenta para un ascenso en mi trabajo, entonces yo

A) Busco la ocasión adecuada para defender mi derecho al ascenso

F) Me callo para evitar discusiones inútiles

12. Si un policía me prohibe la entrada en un lugar a pesar de que tengo autorización para ello

B) Abandono el lugar sin protestar

D) Intento convencer al policía de mi derecho, mostrándole mis credenciales

E) Le advierto razonablemente al policía que se expone a una reclamación

13. Si se me ofrece la oportunidad de hablar con

226

una persona importante (político, artista...)

E) Aprovecho con buen ánimo esa oportunidad

F) La rechazo por temor de no estar a la altura o no comportarme con suficiente naturalidad

14. Tiendo a evitar las posibles discusiones y las disputas abiertas con otros. Me resulta desagradable cualquier tipo de discordia

B) Verdadero

C) Falso

15. Si me entero que un amigo me critica por la espalda

A) Intento pedirle explicaciones cuando se presente la ocasión

F) Desde ese momento rompo cualquier

227

227

contacto con él y lo evito en lo posible

16. Soy de esa clase de personas que siempre se guardan para sí sus opiniones, si piensa que molestan

    B) Verdadero

    C) Falso

17. Cuando, por ejemplo, alguien me pisa y no se disculpa,

    F) pienso: "No se ha dado cuenta; mejor es no decirle nada"

    D) o le digo: "Por favor, ¿no se ha dado cuenta de que me ha pisado?"

    C) o: "Oiga usted, si me pisa, lo menos que debería usted hacer es disculparse"

18. Me suele costar trabajo reprender a un

228

subordinado

F) Verdadero

E) Falso

19. Si durante una discusión me doy cuenta de que la mayoría de los interlocutores mantienen puntos de vista distintos al mío

B) Me reservo mi opinión, ya que no voy a lograr convencer a nadie

E) Mantengo con la mayor objetividad mis puntos de vista, razonando y argumentando para lograr convencer a los demás.

20. No me cuesta ningún trabajo mostrar mi afecto a personas que me son simpáticas.

A) Verdadero

F) Falso

21. Si al subir a un tren (o transporte público, o ascensor, o escaleras mecánicas...) alguien me empuja desconsideradamente

    C) Intento recuperar mi lugar, empujando yo a mi vez

    F) Espero hasta poder subir sin ser molestado

    A) Manifiesto mi protesta en voz alta

22. Si al llegar tarde a una reunión, cuando el local está lleno, descubro que hay un sitio libre en la primer fila

    E) Atravieso el local enseguida para ocupar ese sitio

    B) Me quedo atrás y hago el propósito de llegar la próxima vez más pronto

    F) Intento asegurarme de que no queda ya ningún sitio libre detrás, en cuyo caso me decidiría a

230

230

ir adelante sin molestar

23. A veces tengo la sensación de que me disculpo y pido perdón más de lo necesario

    F) Si
    E) No

24. Si al pedirme alguien un favor, tuviera la sensación de que la realización de ese favor pudiera   tener consecuencias desagradables para mí

    C) Me negaría sin más explicaciones
    B) No sería capaz de negarme abiertamente, pero buscaría una excusa para evitar hacerlo
    D) Le explicaría por qué no puedo hacerlo, pero le ofrecería de algún modo mi buena disposición para otra oportunidad

25. Si me entero que un amigo me ha criticado injustamente

D) Le aclararía amistosamente por qué no tiene razón

B) Quizás me aguantaría para evitar un enfrentamiento desagradable

A) Le haría ver que él no es la persona más adecuada para actuar así conmigo

26 Si en un círculo, o asociación, en el que yo estuviera se decide pedir donativos para un buen fin

C) Ofrecería espontáneamente mi colaboración, con la seguridad de que iba a ser yo quien recaudara la mayor cantidad

A) Esperaría a que me lo propongan directamente, y en este caso me pondría en acción con todo mi interés para no defraudar

232

D) Me resultaría difícil pedir dinero a otros, por lo que ofrecería mi colaboración para otra función dentro del mismo proyecto

27. **No me resulta fácil quitar la razón a alguien, aunque objetivamente no la tenga**

F) Verdadero
E) Falso

28. **Si al salir de una tienda compruebo que me han dado mal la vuelta**

B) Me doy por satisfecho para evitar disputas
C) Vuelvo inmediatamente a la tienda y exijo el dinero que falta
D) Vuelvo a la tienda y explico que ha habido un error, esperando que se me reponga

29. **Cuando veo a otras personas que se defienden**

233
233

contundentemente si le hacen una injusticia

  B) Las admiro

  C) Pienso que yo haría lo mismo, incluso con más energía

30. Si un amigo me propone algo que considero innecesario o absurdo

  A) Me resulta fácil decírselo y no aceptar su propuesta

  B) Nunca me resulta fácil oponerme a los demás

31. Las divergencias de opiniones con otras personas

  C) Son una buena ocasión para imponer a los demás mis puntos de vista

  E) Las aprovecho para aclarar la situación

234
234

con la mayor objetividad

B) Las evito en lo posible, ya que siempre acaban en disgustos

32. Supongamos que tienes el sentimiento de estar sobrecargado en tu trabajo (profesión, estudios, etc)

C) Me quejaría decididamente y, en caso de necesidad, amenazaría con dejarlo, o marcharme

F) Dedicaría horas extras, evitando quejarme y complicar más las cosas

B) Probablemente me sentiría tan mal que tendría que excusarme por enfermedad

D) Intentaría clarificar la situación y solicitar a la persona responsable un remedio adecuado

33. Me resulta difícil comenzar una conversación con una persona desconocida

F) Verdadero

E) Falso

34. Si en un comercio he sido atendido muy solícitamente, pero no puedo decidirme a comprar porque el precio me resulta desmesuradamente alto

E) Explico que no puedo decidirme a comprarlo por lo elevado del precio, doy las gracias por el asesoramiento y abandono tranquilamente el comercio

B) Compro algo de menor importancia y más barato, aunque no había entrado en mis proyectos

F) Me muestro complacido por el buen asesoramiento, pero me excuso diciendo que quiero pensármelo antes de decidirme

35. Si en un restaurante me presentan un plato

236
236

mal preparado

A) Le ruego al camarero que retire aquel plato y traiga otro en sustitución

F) Decido no volver más a aquel local, pero no me quejo

C) Hago venir al jefe del negocio (o al mismo camarero) y me quejo de la mala calidad

36. Si advierto que un amigo de repente se comporta de un modo esquivo conmigo

B) Procuraría desde ese momento eludir cualquier encuentro con él

D) Dirigiría la palabra a ese amigo para comprender la razón por la que me rehuye y testimoniarle, si es necesario, mi buena voluntad

C) No soportaría esa actuación conmigo y le exigiría de una manera inequívoca la razón de semejante comportamiento

237 237

37. Cuando no he encontrado en un supermercado la mercancía que quería comprar

B) Me siento incómodo o titubeo si tengo que pasar ante la caja con las manos vacías

A) Paso decididamente ya que estoy en mi derecho

CORRECCIÓN DEL TEST

Se suma el número de veces que se ha señalado cada una de las letras y se escribe en el espacio dejado junto a ellas en el cuadro de más abajo. Después se multiplica por la cifra propuesta y, finalmente se suman los resultados para obtener la puntuación total.

A)_____X 3 =_____

B)_____X 0=_____

C)_____X 5=_____

D)_____X 4=_____

E)_____X 4=_____

F)_____X 1=_____

TOTAL =_____

239

INTERPRETACIÓN DEL TEST

Se coloca el total de los puntos obtenidos en el Tramo correspondiente de la siguiente Escala de Puntos. Al interpretar la propia ubicación en   cada Tramo, conviene advertir si la puntuación obtenida se acerca mas al tramo anterior o al siguiente

ESCALA-PUNTOS

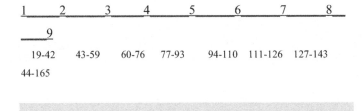

1	2	3	4	5	6	7	8
							9
19-42	43-59	60-76	77-93	94-110	111-126	127-143	
44-165							

 240

TRAMO 1 a 2: **COMPLEJO DE INFERIORIDAD GRAVE+++:** Inseguridad personal máxima, Sentimiento de Comunidad negativo, bloqueado e inútil.

TRAMO 2 a 3: **COMPLEJO DE INFERIORIDAD MEDIO++:**Autoestima, muy débil, alta inseguridad y muy escaso Sentimiento de Comunidad.

TRAMO 3 a 4: **COMPLEJO DE INFERIORIDAD MODERADO+:** Autoestima insuficiente, poca seguridad en sí, Sentimiento de Comunidad inestable.

TRAMO 4 a 5: **COMPLEJO DE INFERIORIDAD LATENTE:** Autoestima y seguridad fluctuantes, Sentimiento de Comunidad insuficiente.

TRAMO 5 a 6: **SENTIMIENTOS DE INFERIORIDAD OCASIONALES:** Autoestima y seguridad claras, aunque amenazadas, Sentimiento de

241

Comunidad compensador.

TRAMO 6 a 7: **SENTIMIENTOS DE INFERIORIDAD COMPENSADOS:** buena Autoestima y seguridad en sí y estabilidad, Sentimiento de Comunidad operativo.

TRAMO 7 a 8: **ESTABILIDAD PSICOLOGICA:** Complejo inexistente. Voluntad de Poder eficiente y Sentimiento de Comunidad alto y regulador de los naturales sentimientos de inferioridad.

TRAMO 8 a 9 **SUPERCOMPENSACIÓN DEL COMPLEJO:** Voluntad de Poder egoísta y arrasadora, Sentimiento de Comunidad nulo (hay que confirmarlo con las respuestas dadas a la letra D del Test). Complejo de Superioridad.

ACTITUDES CORRESPONDIENTES A CADA LETRA ELEGIDA

A) (Máximo 13 puntos) Actitud autoafirmativa, resolutiva, firme. Reacción positiva ante el Sentimiento de Inferioridad.

B) (Máximo 22 puntos) Actitud retraída, reservada, conformista, elusiva, sumisa. Manifestación de Complejo de Inferioridad o claro Factor de Riesgo para el Complejo.

C) (Máximo 21 puntos) Actitud prepotente, dominante, impositiva, avasalladora, supersegura. Complejo de Superioridad.

D) (Máximo 10 puntos) Actitud conciliadora, solidaria, considerada, amigable, prudente. Preponderancia del Sentimiento de Comunidad.

243

E) (Máximo 14 puntos) Actitud decidida, eficiente, segura, objetiva. Actuación de la Voluntad de Poder.

F) (Máximo 18 puntos) Actitud tímida, recelosa, insegura, dubitativa., sensible. Preponderancia del Sentimiento de Inferioridad. Factor de Riesgo para el Complejo.

B.: TEST *PSICODETECTOR*

Este test, para la detectación de complejos y conflictos psíquicos está elaborado con modificaciones sobre el que el Profesor Escala Milá publicó en la *"Revista de Psicología General y Aplicada"* por los años 50.

El test consiste en dejar leer a la persona examinada, niño o adulto, o leerle con voz neutral, sin inflexiones que intenten destacar alguna palabra sobre otras, la lista de 35 frases que vamos a reproducir a continuación. Naturalmente, no se le dice que cada frase contiene, o puede ser evocadora de algún conflicto, o problema o complejo psicológico.

Se le deja leer, o se le lee, una sola vez. Inmediatamente después se le propone que

245

realice una actividad mental que exija toda su atención y concentración: por ejemplo que, sobre un folio donde se le escribe el n° 500, vaya restando de 7 en 7 cifras hasta llegar al 0.

Al terminar se le pide que escriban las frases que recuerde, en el orden que las recuerde. La hipótesis de base es que, después del ejercicio de concentración, se habrán disociado de la memoria las frases que no tienen significación endovivencial para el sujeto y que solo se recordará aquellas que hayan conectado con contenidos emocionales o psicotraumáticos, posiblemente con alguna deformación que podrá revelar algún matiz significativo. Se les dice, pués:

A. Que escriban las que recuerden

B. En el orden con que les vengan a la cabeza

246
246

C. No importa la precisión de la frase, sino el sentido

Las frases son las siguientes:

1.- De los cuatro hijos era el menos querido de sus padres

2.- Un desconocido entró por la ventana del dormitorio

3.- El campeón recibe las aclamaciones de la multitud

4.- En un duelo a espada, un solo hombre venció a seis adversarios

5.- Un niño apedrea a un hombre porque le ha quitado la pelota

247 247

6.- Para conseguir sus propósitos no dudó en robar secretamente

7.- Cuando quedaron solos, los novios se sintieron felices

8.- Tenía un gran temor de quedar en ridículo públicamente

9.- Un coche atropelló a un niño ciego al cruzar la calle

10.- Es considerado como el (la) más inteligente de todos (todas)

11.- Todo el mundo lo (la) admira y lo (la) quiere por sus buenas cualidades

12.- Los presos que dormían atados a una cadena eran inocentes

 248

13.- No era tan bueno (buena) como los demás creían

14.- Al despedirse, se besaron apasionadamente

15.- El recuerdo de aquel desengaño lo (la) atormenta y entristece

16.- A la luz de la luna destacaba la sombra del cementerio

17.- Dondequiera que iba todos admiraban su elegancia

18.- Nadie le suponía capaz de tanta serenidad ante el peligro

19.- Siempre se arrepintió de haber revelado el secreto de su   mejor amigo.

249

20.- Cansado (a) de tantas bromas pesadas, terminó peleándose con sus compañeros (compañeras)

21.- Tomaban baños de sol en la azotea de su casa

22.- Está convencido (a) de que todo le saldrá mal

23.- Cuando nadie lo esperaba, se oyó un grito angustioso

24.- Llamó la atención de todo el mundo en aquella fiesta

25.- Los náufragos se salvaron gracias a la valentía de aquel (aquella) muchacho (muchacha)

26.- El amo castigaba cruelmente a su pequeño aprendiz

27.- Nunca se atrevió a confesar aquella falta

28.- Fuimos a ver una película de tema erótico

29.- Vive amargado (a) por tener que trabajar en tareas que aborrece

30.- Una sombra le perseguía día y noche sin dejarlo (a) en paz

31.- Su enorme fortuna le permite lujos, placeres y amistades

32.- Ese monumento se erigió en memoria de un joven que murió en defensa de su patria

33.- Al ver fracasar a los demás sentía una extraña alegría

34.- Fue acusado (a) públicamente de acciones que no había cometido

35.- Solo en el amor de Dios hallaba placer y consuelo

CLASIFICACION DE LAS FRASES

I.- VIVENCIAS PASIVAS

a) *FRUSTRACIÓN:*
1.- Afectivo-Familiar

8.- Social

15.- Personal

22.- Obsesiva

29.- Profesional

b) ANGUSTIA
2.- Nocturna

9.- Peligro

16.- Muerte

23.- Supersticiosa

30.- Fobo-obsesiva

II) VIVENCIAS ACTIVAS

a) <u>COMPENSATORIAS</u>

3.- Física

10.- Intelectual

17.- Social

24.- Social

31.- Económica

b) <u>INFERIORIDAD</u> (Sobrecompensaciones)

4.- Física

11.- Moral

18.- Audacia

25.- Superioridad

32.- Heroísmo

III) VIVENCIAS ETICAS

a) ECUANIMIDAD

5.- Venganza

12.- Injusticia

19.- Defensa

26 Crueldad

33.- Rencor

b) CULPABILIDAD

6.- Delictiva

13.- Hipocresía

20.- Infidelidad

27.- Culpa

34.- Injusticia

IV) VIVENCIAS ERÓTICAS

7.- Sexual

14.- Pasional

21.- Sensual

28.-Erótica

35.- Sublimada

256

TEST DE ASOCIACIONES CONDICIONADAS DE ROTTER

1.- Me gusta......

2.- La época más feliz.....

3.- Quisiera saber.....

4.- Al regresar a casa.....

5.- Lamento.....

6.- Al acostarme.....

7.- Los chicos/as- Mi pareja.....

8.- Lo mejor.....

257

257

9.- Me molesta.....

10.-..Las personas.....

11.- Una madre.....

12.- Siento.....

13.- Mi mayor temor.....

14.- Antes....

15.- No puedo.....

16.- Los deportes.....

17.- Cuando era pequeño/a.....

18.- Mis nervios.....

19.- Los del otro sexo.....

20.- Sufro.....

21.- Fracasé.....

22.- La lectura.....

23.- Mi cabeza.....

24.- El futuro.....

25.- Necesito.....

26.- Salir con chicos/as- Mi matrimonio.....

27.- Estoy mejor cuando.....

28.- Algunas veces.....

29.- Lo que me duele.....

30.- Odio.....

31.- En los estudios- En el trabajo.....

32.- Soy muy.....

33.- La única molestia.....

34.- Deseo.....

35.- Mi padre.....

36.- Yo en secreto.....

37.- Yo.....

38.- La culpa.....

39.- El sexo.....

40.- Mi mayor ansiedad.....

41.- La mayoría de las personas.....

42.- La religión.....

Para la valoración de las respuestas de Rotter se tienen en cuenta algunos principios que detallaremos a continuación.

1. *Respuesta omitidas*.- Es decir respuestas no dadas al
estímulo presentado o bien algunas respuestas incompletas que no tiene sentido gramatical. No se les asigna ningún puntaje aunque algunas veces, desde el punto de vista de la interpretación, pueden ser indicio de alguna inadaptación. Cuando en un protocolo hay más de 20 omisiones no se considera válido.

2. *Respuesta conflictuales*.- Estas respuestas simbolizadas
por "C" son las que indican un tipo mental insano o inadaptado. Están incluidas en éstas las reacciones de hostilidad, pesimismo, desesperación, deseos de suicido, expresiones y experiencias desagradables

 262

o indicios de desadaptación el el pasado. Según la severidad del conflicto que expresan, las respuestas se clasifican en tres grados C1, C2 y C3, que tienen los valores siguientes en el puntaje: C1= 4, C2=5 y C3= 6. En general las respuestas C1 son aquellas que se refieren a problemas de tipo menor, que no están profundamente arraigados, que no incapacitan al sujeto como, por ejemplo, dificultades económicas, identificaciones con grupos minoritarios, etc. La categoría C2 se reserva para indicios más serios de inadaptación, dificultades más generalizadas, expresiones que revelan sentimientos de inferioridad, síntomas psicosomáticos, preocupaciones de fracaso posible, sentimientos de inadecuación, desorientación vocacional, dificultades de adaptación heterosexual, y cualquier dificultad sobre adaptación heterosexual, y cualquier dificultad sobre adptación social. Para las expresiones muy severas de conflicto tales como deseos suicidas,

 263

conflictos sexuales, problemas familiares graves, miedo a enfermedad mental, fuertes actitudes negativas contra la gente en general, sentimientos de confusión, actitudes extrañas, etc., se utiliza la categoría C3.

3. *Respuestas positivas*.- Estas se simbolizan con una "P" y son las que indican una estructura mental sana, llena de

esperanzas. Se evidencian por observaciones humorísticas,

respuestas optimistas, y reacciones de aceptación en general. las respuestas son también graduables entre P1=2, P2=1, P3=0, según el grado de bondad de adaptación. En la clase P1, están las respuestas comunes que se refieren a actitudes posivas hacia la escuela, los hobbies, los deportes, las expresiones de sentimientos cálidos hacia alguien en particular o hacia la gente en general. En las respuestas del tipo P2 se incluyen

264 264

las que indican sentimientos positivos generalizados hacia la gente buena, adaptación social, vida familiar adaptada, opitmismo e ironía. Las P3 están en el extremo de las más optimistas.

4. *Respuestas neutras*.- Estas respuestas simbolizas por "N" son las que no caen claramente en ninguna de las categorías anteriores, las respuestas que indican frases estereotipadas o clisés, títulos de canciones populares, frases que indican simples tautologías, etc. En general se clasifican en este grupo (N = 3) todas las respuestas que carecen de referencias personales o están faltas de tono emocional.

265 265

266

PRÁCTICA 8ª: INTROSPECCIÓN
AUTOBIOGRÁFICA

EJERCICIO 1: El Ejercicio consiste en redactar, lo
más sincera y brevemente posible, el
esquema de la propia biografía, teniendo en
cuenta los apartados y puntos de interés
expuestos en el cuadro siguiente. Después se
le aplica a lo escrito las PAUTAS DE
ANÁLISIS DE CONTENIDO que
proponemos en el cuadro final.

I.- LOS ESPACIOS DE VIDA
FAMILIA:
1. REALIDADES
2. PROBLEMAS
3.OBJETIVOS INMEDIATOS

267

PAREJA

        1. REALIDADES

        2. PROBLEMAS

        3. PROPÓSITOS

PROFESIÓN:

        1. ÉXITOS-FRACASOS

        2.   ADAPTACIÓN-INADAPTACIÓN

VIDA SOCIAL

        1. AMISTADES

        2.REPERCUSIONES EMOCIONALES

        a) POSITIVAS

b) NEGATIVAS

3. PROPÓSITOS

AFICIONES

1. CULTURALES, DEPORTIVAS, SOCIALES....

2. PROBLEMAS

3. ENRIQUECIMIENTO VITAL ?

II.- ESPACIO SUBJETIVO

A. QUÉ HECHOS TE HAN MARCADO EN TU VIDA

B. EN QUÉ SENTIDO TE HAN MARCADO

C. PRINCIPALES PROBLEMAS EXPERIMENTADOS

D. SOLUCIONES DADAS EN CADA OCASIÓN

E. PERSONAS DE MAYOR INFLUENCIA EN TÍ

F. EN QUÉ SENTIDO TE INFLUYERON

G. TU MAYOR SUFRIMIENTO EN LA VIDA

H. TU MAYOR GOZO

I. TU MAYOR DEBILIDAD. EXPLÍCALA

J.OBJETIVOS, IDEALES, VALORES

III. CONCLUSIONES

A la vista de lo que has acabado de escribir:

1. Qué piensas de tí

2. Qué posibilidades o cualidades se han frustrado

3. Qué objetivos fundamentales has logrado

4. Hacia dónde quieres orientar y cómo delinearías tu porvenir

270

EJERCICIO 2: ANÁLISIS DE CONTENIDO

Se colocan detrás de cada concepto tantas señales como elementos referentes a él se vayan encontrando en la lectura del relato autobiográfico.

A. <u>LAS ACTITUDES</u>

    1. LOGRAR

    2. ACTUAR

    3. RESISTIR

    4. REHUSAR

    5. DOMINAR

    6. SOPORTAR

    7. ELUDIR

    8. COOPERAR

B.- <u>LOS OBSTÁCULOS</u>

    1. SUPERACIÓN DEL OBSTÁCULO

    2. PERMANENCIA DEL OBSTÁCULO

271

3. AGRESIÓN

4. GRATIFICACIÓN

5. COMPENSACIÓN

6. ABANDONO, EVASIÓN

7. SUMISIÓN

C.- <u>LAS MOTIVACIONES</u>

1. BIOLÓGICAS

2. SEGURIDAD

3. PERTENENCIA, INCLUSIÓN

4. AMOR (ACEPTACIÓN, ENTREGA)

5. PRESTIGIO

6. REALIZACIÓN

7. AUTOREALIZACIÓN

D.- <u>LOS INTERESES</u>

1. ECONÓMICOS

2. SOCIALES

3. RELIGIOSOS

4. POLÍTICOS

5. ESTÉTICOS

6. TEORÉTICOS

7. HEDONÍSTICOS (PLACERES)

8. EPIFÁNICOS (AUTOLUCIMIENTO)

E.- <u>LAS ÁREAS</u>

1. FAMILIAR

2. SOCIAL

3. LABORAL

F.- <u>LAS EMOCIONES</u>

1. DESEO-FRUSTRACIÓN

2. AMOR-RECHAZO

3. ALEGRÍA-TRISTEZA

4.SERENIDAD-CÓLERA

5.SEGURIDAD-TEMOR

G. -<u>LOS SENTIMIENTOS CONFLICTIVOS</u>

1. RIVALIDAD

2. SOLEDAD

3. CULPABILIDAD

4. INSEGURIDAD

5. MIEDO

273

6. FRACASO

7. INCAPACIDAD

8. INSATISFACCIÓN

9. RESENTIMIENTO

10.REBELDÍA

RÁCTICA 3ª: ACTITUDES PERSONALES FRENTE A CONFLICTOS Y PROBLEMAS HUMANOS

Este ejercicio puede ser de utilidad para cualquier persona, como análisis y reflexión de sus propias actitudes en el enfrentamientos de conflictos y problemas. Pero es especialmente útil para el psicoterapeuta y el educador, ya que el impacto de su personalidad y de sus actitudes idiosincráticas puede movilizar en el sujeto una serie de reacciones endovivenciales (sensitivas, *mnésicas*, emocionales, intelectivas, comportamentales ...) que se integrarán, positiva o negativamente, en la dinámica del proceso tutorial y educativo.

Es pues, necesario, que la persona reflexione sobre los aspectos más relevantes de su propia personalidad y de sus actitudes fundamentales, y sobre las posibles repercusiones en la personalidad de cada uno de los demás, para saber preverlas,

275

controlarlas, contrapesarlas o reforzarlas en beneficio de su proceso autoconstructivo.

EJERCICIO

AUTO-EVALUACIÓN DEL PROPIO ESTILO DE ACTUACIÓN *

Poner en un orden del 1 al 6 a cada una de las frases, según supongan tu tendencia más habitual (1) hasta aquella con la que menos te identificas (6)

Elemento 1.- DECISION

A. Prefiero aceptar las decisiones de otros, mejor que decidir por sí mismo.

276

C. Ante todo procura tomar decisiones que corresponden a las normas establecidas en relación a los objetivos.

D. Yo procuro ante todo decisiones aplicables, dadas las personas y las circunstancias, aunque estas soluciones sean en sí imperfectas.

B. Concedo una gran importancia a conservar las buenas relaciones.

E. Concedo la mayor importancia a tomar decisiones sanas y objetivas, que sean comprendidas por todos y consigan la unanimidad.

F. Cuando tengo que tomar una decisión no me importa enfrentarme con quien sea, aunque pueda llegar a disgustarlo.

Elemento 2.-CONVICCIONES PERSONALES

E. Estoy siempre dispuesto a escuchar y a buscar las diferentes ideas, actitudes y opiniones de mi gente. Estoy convencido de lo que pienso, pero permanezco abierto a otra ideas y dispuesto a cambiar de opinión si es necesario.

F. Yo defiendo mis ideas, actitudes y opiniones por encima de todo y aun en contra de los demás, no me importa si se disgustan.

D. Prefiero, más que imponer mis propias ideas, promover ideas, actitudes y opiniones y hacer que los otros lleguen a ponerlas en práctica siguiendo mis directrices.

 278

B. Cuando surgen ideas, opiniones o actitudes diferentes a las mías, yo propongo amablemente que lleguemos a un acuerdo.

C. Mis ideas se fundamentan en las normas establecidas y en los objetivos que todos debemos alcanzar.

Elemento 3.- CONFLICTOS

B. Procuro ante todo evitar que surjan conflictos, pero cuando aparecen hago lo posible para apaciguar los apasionamientos y mantener la cohesión del grupo.

A. En los conflictos que surgen prefiero permanecer neutral y no mezclarse en el asunto.

279

E. Cuando estalla un conflicto, procuro ser justo y llegar a una solución equitativa, a un acuerdo aceptable, buscando
su origen y subsanando las verdaderas causas.

C. Cuando surge el conflicto, yo lo afronto e intento
imponer la solución más apropiada.

D. Cuando surge el conflicto, lo primero que hago es buscar la solución más rápida y eficiente.

F. Cuando surge un conflicto enfrento al que me parece culpable y no le oculto mi indignación y mi desprecio.

Elemento 4.- AUTOCONTROL

B. Las tensiones me afectan, me perturban, por eso reacciono siempre con calor y simpatía, poniéndome fácilmente en el punto de vista de los grupos.

A. En caso de crisis, que no sé de qué lado ponerme o a quién darle la razón, para evitar que la tensión persista
procuro permanecer aparte.

E. Como sé permanecer neutral, raramente me afectan las tensiones.

C. Cuando se me provoca, me contengo, me esfuerzo en ocultar mi impaciencia, e impongo la disciplina establecida para no perder mi autoridad.

281 281

F. Cuando las cosas no me van como quisiera, me esfurezco, resisto y respondo con argumentos en contra o con sarcasmo.

D. En situaciones conflictivas y críticas busco soluciones rápidas que dejan tranquilos a los demás y yo no quede en mal lugar.

Elemento 5.- SENTIDO DEL HUMOR

E. Mi humor tiene como único objetivo el dar a las cosas su verdadero valor. Yo conservo mi sentido del humor incluso en caso de crisis.

C. Para los demás, mi sentido del humor parece fuera de lugar. En el humor de un observador que no se implica, pero que aprueba o reprueba.

D. Mi humor me permite conseguir que los otros acepten mis puntos de vista. Es un humor diplomático.

B. Mi sentido del humor se dirige a fomentar buenas relaciones, y cuando se producen tensiones, a contrarrestar el carácter severo de la situación. Se trata sobre todo de evitar las situaciones dramáticas.

F. Mi humor es cáustico. A veces lo utilizo como arma ofensiva.

A. Mi humor pretende buscar una salida fácil a las Situaciones comprometidas, de modo que me dejen tranquilo.

Elemento 6.- TRABAJO

E. Raramente intento dirigir a otros en forma imperativa. Prefiero ofrecer mi ayuda para que las personas interesadas decidan por sí mismas.

B. Yo no me gobierno ni a mí mismo, ni a los otros, prefiero buena colaboración y armonía entre todos.

D. Mi preocupación de impulsar a los otros, me hace desplegar un gran esfuerzo personal que me hace quedar satisfacho y sentirme estimado.

A. Yo hago justamente lo necesario para salir del paso.

F. Intento mantener mi propio ritmo de trabajo sin dejar que nadie se meta en lo que no le importa, y me resisto a

aceptar por las buenas los planes que a otros se le hayan
ocurrido.

G. Mi trabajo es ordenado, sistemático, y exijo a los que de mi dependen que se atengan también con orden y método a lo que hay que hacer.

 285

CORRECCIÓN DEL TEST

PON EN CADA CASILLA LA LETRA QUE CORRESPONDE A LA EVALUACIÓN QUE HAS HECHO DENTRO DE CADA UNO DE LOS SEIS ELEMENTOS

DECISIÓN	IDEAS	CONFLICTO	AUTOCONT.	HUMOR	TRABAJO
1					
2					
3					
4					
5					
6					

286
286

INTERPRETACION

A significa estilo ELUSIVO

B significa estilo COMPLACIENTE

C significa estilo DIRECTIVO

D significa estilo REALIZADOR

E significa estilo PRODUCTIVO

F significa estilo ATACANTE

> - La letra dominante de la línea representa tu actutud y tu estilo personal **habitual**.
>
> - La letra dominante de la 2a línea representa tu estilo **complementario** para equilibrar el estilo habitual.
>
> - La letra dominante de la 3a línea representa el estilo de **emergencia**, solo utilizado en *situaciones difíciles*.

287

- Las letras dominantes de la 4a y 5a línea representan la **antitesis de tu estilo habitual**, lo que más te desagrada
cuando lo veas en los otros.

- *Si no existen letras dominantes* en alguna línea, por lo menos *tres veces* repetidas, puede significar que, a ese nivel, tu estilo *no está definido o realizado.*

- Si aparece la misma letra dominante *en la 1ª línea y en la última*, puede significar que tu estilo es **contradictorio**,
malintegrado, expresión de otros problemas de tu
personalidad.

- Si en alguna línea aparecen *dos letras dominantes* (*cada una repetida 3 veces*) a ese nivel tu estilo es **mixto**.

- Es interesante que observes *en qué elemento* (decisión, convicción, conflictos, etc.) *tu letra dominante es reemplazada por otra*. Piensa si la situación correspondiente a ese elemento comporta para tí alguna **dificultad especial** o si existe alguna otra razón para ese cambio.

DESCRIPCION DE LAS SEIS ACTITUDES Y NECESIDADES PSICOLOGICAS BASICAS Y LOS TIPOS CORRESPONDIENTES[*]

*LA ACTITUD DIRECTIVA: NECESIDAD DE MANDAR. Es dirigente, necesita controlar cualquier situación en la que se encuentre, dominar cada situación y organizar su actividad de manera ordenada y sistemática. Le disgustan la ambigüedad y la incertidumbre. Mira su mundo en categorías claras y específicas, y aborda situaciones nuevas de una manera dogmática, definida y determinada
HIPERNOMICO, ORDENADO, CONTROLADOR.

---

[*] Adaptado y reelaborado a partir de las conceptualizaciones de J.D. Bell en su libro *"Los Triunfadores"* (Diana, 1977)

 290

*LA ACTITUD AGRESIVA: NECESIDAD DE ATACAR. Es atacante, necesita expresar sus hostilidades sin aceptar dependencias de otros. Refuta un plan, pero no ofrece soluciones. Le encanta argüir y debatir. Es sarcástico y negativo.

HOSTIL, REBELDE, NEGATIVO.

* LA ELUSIVA: NECESIDAD DE EVITAR: El elusivo necesita evitar las dificultades y las situaciones comprometedoras. Su movimiento natural es esconderse. Quiere estar fuera de problemas. Depende de otros para que lo justifiquen. Posee poca confianza en sí mismo y prefiere tareas que sean estables y rutinarias. Toma pocos riesgos personales.

HUIDIZO, INSEGURO, DEPENDIENTE.

*LA ACTITUD COMPLACIENTE: NECESIDAD DE AGRADAR: El complaciente necesita gustar a los otros y que lo aprueben. Busca la aceptación de todos aquellos con quienes se relaciona, siendo amable y generoso y llevándose bien con todos porque prefiere más hacer amigos que desempeñar bien una labor. Prefiere realizar tareas que involucren el trato con la gente sobre bases fáciles y sociables.

AMABLE, DEBIL, TRANQUILIZADOR

*LA ACTITUD REALIZADORA: NECESIDAD DE EFICIENCIA. El realizador necesita ganar prestigio y reconocimiento. Maneja a otros y trata de crear una buena impresión para conseguir esto. Se esfuerza diligentemente en ser correcto y respetable. No le importa cambiar sus valores para que se avengan a las posiciones más ventajosas. Es muy difícil de someter. Busca aquellas labores que engrandezcan su imagen y su prestigio.

PRACTICO, DECIDIDO, OPORTUNO.

*LA ACTITUD PRODUCTIVA: LA NECESIDAD DE AUTOREALIZACIÓN. Es el verdadero triunfador , necesita, para llegar a estar satisfecho de sí mismo, desarrollar su capacidad para alcanzar los más altos niveles de competencia. Tiene mucha confianza en sí mismo, pero más que egocéntrico está centrado en los problemas y orientado hacia sus objetivos, acepta el reto, busca metas reales. Es autocrítico, acepta la retroinformación, explora nuevas maneras de ser creativo. Se consagra a sí mismo a las cosas que valora y en las que cree, no solamente a aquellas que le reportan prestigio y dinero.

       293

DIAGRAMA DE LOS TIPOS

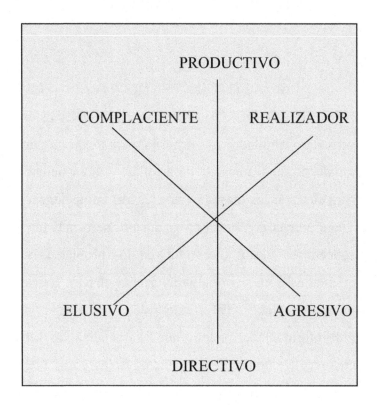

En este diagrama se aprecian las afinidades y cercanías de cada tipo con cada uno de

294

los otros, así como sus oposiciones y dificultad de concordancia entre actitudes contrarias.

"La mayoría de los individuos tiene dificultad en analizar y entender las motivaciones, necesidades y características personales más profundas que están discutidas aquí.. Pero recuerde usar inteligentemente los modelos de personalidad. Cambie sus clasificaciones cada vez que obtenga nuevos conocimientos internos. Altere su diagnóstico a medida que la persona cambie. Trate de no usar ciegamente los modelos como estereotipos rígidos. Deje que lo ayuden, no que lo restrinjan. Deje que los seis conceptos de personalidad no lo aten sino que lo guíen. Deje que lo auxilien, no que lo separen del entendimiento de usted mismo y de otros."

G. D. Bell

EJERCICIO PRÁCTICO

Proponemos la descripción de seis modos y estilos de enfrentar conflictos. El Ejercicio consiste en identificar cada uno de los seis estilos, por sus actitudes y por los objetivos vitales y las necesidades psicológicas que pretenden satisfacer.

1º.- *Enfrenta los conflictos de manera directa. Se preocupa por entender lo que le sucede a cada persona y lo que les llevó a ello., sin juzgar, controlar o manipular a los que estén involucrados. Escucha abiertamente tratando de comprender, de evaluar las consecuencias y de determinar las mejores soluciones.*

2º.- *Busca convenios para resolver conflictos. Por consiguiente, si conviene cambiar sus ideas,*

296

aparenta estar de acuerdo y acomoda su comportamiento para adaptarlo a la persona o a la situación, tratando que se acepten sus ideas que considera que son las mejores. Más que exponer los problemas extensamente, prefiere acuerdos seguros.

3º.- *Desdramatiza los conflictos, hace bromas acerca de ellos o los minimiza hasta hacerlos inexistentes. Anima a las personas, las enaltece y les dice siempre aquello que les harán sentirse bien.*

4º.- *Intenta siempre apartar, o aplazar el enfrentamiento con los conflictos. "Ese no es mi problema; que se las arregle", o "Ya se solucionará: demos tiempo al tiempo", son frases que siempre están en su pensamiento. Utiliza hábilmente el cambio de temas para no complicar las cosas, o simplemente da por terminada la conversación.*

297   297

5°.- *Refuerza los conflictos, le agrega dificultades, no tolera que se soslayen, pero tampoco quiere tener que resolverlos él, o ayudar a resolverlos: prefiere denunciarlos. Y siempre pensará que los demás son incompetentes, estúpidos o irresponsables.*

6°.- *No le interesa resolver los conflictos mediante confrontación o clarificación, sino aplicando las normas y las leyes establecidas. "No habría problemas si las cosas se hicieran como se deben hacer, como está mandado". Después no valen quejas. Prefiere que no se expresen los sentimientos, porque no llevan a nada: mejor que hablar es actuar andando siempre por el camino recto.*

CLAVE DEL EJERCICIO:

1º: Estilo   PRODUCTIVO;   2º: Estilo
REALIZADOR; 3º: Estilo COMPLACIENTE; 4º.-
Estilo ELUSIVO; 5º: Estilo AGRESIVO; 6º: Estilo
DIRIGENTE

299

COMENTARIO DE TEXTOS:

"¿Quién es el individuo más sano psicológicamente que usted conoce? ¿Lo Sabe? ¿Cómo es él o ella? Un individuo sano en su psicología es un triunfador, es quien se siente auténticamente feliz consigo mismo; él tiene paz interior. Se siente bien siendo lo que es, viniendo de donde vino y dirigiéndose a donde va, en la vida. Se siente seguro, aceptado y amado por otros. Su conocimiento de sí mismo es elevado por su conocimiento interior acerca de sus debilidades o de sus fuerzas. Las acepta sin culpa o pena; pero con sentimientos positivos: "estoy bien". Su pundonor le permite aceptar éxitos y fracasos de una manera natural. Además, puede dar amor, afecto y cuidados a otros auténtica y calurosamente sin ser neuróticamente dependiente o

300

300

dominante. Es   real y espontáneo, va hacia la gente porque quiere expresar sus   sentimientos.

Una persona psicológicamente sana se regocija con su vida y está motivada para hacerse a sí misma más satisfecha, auténtica y   afectuosa. Rara vez está demasiado tensa; duerme pacíficamente, y   la tranquilidad le llega en forma natural. Está en un continuo   proceso en su existencia, vivir y comportarse en lo que puede llegar a ser: una persona actualizada. Deja que su vida se   desarrolle a través de los caminos de sus habilidades personales,   sus intereses y sus necesidades; porque se convierte en lo que sus posibilidades le permiten. Para él, vivir es un proceso de   satisfacción de lo que lleva dentro, no de lo que otros esperan o   demandan de él. Está contento, involucrado y activo en la búsqueda   de esas cosas que le interesan. Normalmente, sus búsquedas   favorecen mucho a otros. En pocas palabras, él es un triunfador,   un ser productivo.

301
301

De ninguna manera es perfecto, no hay tal clase de ser humano. El enojo, la frustración, la obstinación, el orgullo, el nerviosismo, la depresión, el miedo, el rechazo y la soledad cruzan alguna vez por su camino. Sin embargo, generalmente provienen de problemas reales, que más surgen de situaciones en las que él está involucrado, no de debilidades personales, y que duran poco tiempo. Entonces, este triunfador es un individuo que tiene confianza en sí mismo, es cariñoso, espontáneo, creativo, realista, compasivo y eficaz. ¿Conoce usted a alguien así? ¿Se pregunta por qué él (ella), parece estar tan contento, ser tan cabal y armonioso en sus relaciones, mientras que las de usted pudieran ser esporádicos y en ocasiones categóricamente miserables?"

G. D. Bell
"Los Triunfadores"

302 302

BIBLIOGRAFÍA

1.-OBRAS DE ALFRED ALDER

-1907. "Studie über die Minderwertigkeit von Organen". Frankfurt: Fischer.

-1911/1973: "Zur Kritik der Freudschen Sexualtheorie des Seelenlebens". W. Metzger (Ed.) Frankfurt.

-1912/1977: "Über den nervösen Charakter". Frankfurt:

Fischer.

-1914: Funda la revista "Internationale Zeitschrift für

Individual psychologie ».Zilahi,Viena

-1919 : « Problem der Sexualität », Leipzig

-1919 : « Die andere Seite », Viena

-1924/1974: « Praxis und Theorie der Individualpsychologie ».

Frankfurt: Fischer.

-1927/1981: "Menschenkenntnis". Frankfurt: Fischer.

303

-1928: "Technik der Individualpsychologie", Munich

-1929 : « Individualpsychologie in der Schule », Leipzig

-1929 : « The Science of Living », Nueva York, Londres

-1929: "Problems of neurosis", Londres

-1929: "Technik der Individualpsychologie" Vol. II, Munich

-1930 : « Education of children », Nueva York, Londres

-1931/1981: "Wozu leben wir?" Frankfurt: Fischer

-1933/1980: "Der Sinn des Lebens ». Frankfurt: Fischer.

-1933: "Religion und Individualpsychologie", Viena

-1935 : Se funda el "International Journal of Individual psychology » Chicago

-1936: "Social Interest: A Challenge to Mankind", Londres, Nueva York

-1979: "Superiority and Social Interest: A Collection of Later Writings", Paperback

-1998: "Social Interest: Adler's key to the meaning of life", Paperback

2.-OBRAS DE ALFRED ADLER EN CASTELLANO

             304

-"Conocimiento del hombre", Espasa-Calpe, Madrid, 1931

-"El problema del homosexualismo y otros ensayos", Apolo, Barcelona, 1936

-"El Sentido de la Vida", Miracle, Barcelona. 1951

-"La Psicología Individual y la Escuela", Losada, Buenos Aires, 1953

-"Práctica y Teoría de la Psicología del Individuo", Piados, Buenos Aires, 1961

-"El carácter neurótico", Paidos, Buenos Aires, 1965

-"Guiando al niño", Buenos Aires, Piados, 1965

3.-OBRAS SOBRE ALFRED ADLER

ADLER, Alejandra: "Técnica de la Orientación profesional". En Adler "Guiando al niño", Piados, Buenos Aires, 1965
-"Influencia de las primeras experiencias en la formación de la personalidad". En Adler "Guiando al niño", Piados, Buenos Aires, 1965
-"El hijo único". En Adler "Guiando al niño", Piados, Buenos Aires, 1965

ALLEN, Clifford:- "Les découvertes modernes de la psychiatrie", Payot, Paris 1951
305

ANSBACHER, H.L. : « La Psicología Individual de Alfred Adler », Troquel, Buenos Aires 1959
-"Alfred Adler revistied", 1995

AKOUN, André et al., « El Inconsciente, pro y contra », Mensajero, Bilbao, 1974

BERNSTEIN, J.: "Alfred Adler, su psicología y su escuela". En Adler "Guiando al niño", Piados, Buenos Aires, 1965
-"La práctica y la teoría en la Psicología del Individuo". En Adler "Práctica y Teoría de la Psicología del Individuo", Piados, Buenos Aires, 1961
-"El Complejo de Sorel". En Adler "Práctica y Teoría de la Psicología del Individuo", Piados, Buenos Aires, 1961
-"Contexto y Texto de práctica y teoría de la Psicología del Individuo", En Adler "Práctica y Teoría de la Psicología del Individuo", Piados, Buenos Aires, 1961
-"Contexto y Texto de El Carácter Neurótico". En Adler "El carácter neurótico", Paidos, Buenos Aires, 1965
-"La Tipología Adleriana". En Adler "El carácter neurótico", Paidos, Buenos Aires, 1965

BOTTOME, Ph. : "Alfred Adler, apóstol de la libertad", Miracle, España 1952. Prólogo de F. Oliver Brachfeld, "Adler y los destinos de la Psicología del Individuo"

BRANCHFIELD, Oliver et al.: "Inferiority feelings in the Individual and the Group", Hardcover, 1973

CHRISTENSEN, Oscar: "Adlerian Family Counseling", 1983

CLARK, Donald y KADIS, Asya: "Vers une pédagogie de l'homme : l'école communauté humaine" Magnard 1987.

COMPAN, François: "Analyse de l'interaction des styles de vie" Memoria para el Certificado de Estudios Especializados de Psiquiatría, Paris VII 1974.

COSTA CLAVELL, Javier : "Cómo vencer el Complejo de Inferioridad" , 1972

CRANDALL, James E.: "Theory and Measurement of Social Interest: Empirical Test of Alfred Adler's Concepts", Hardcover, 1981

DE BONY Martine : "La psychologie sociopersonnelle d'Alfred ADLER", Société Paquereau éditeur, Angers 1993

DINKMEYER, Don C. : "Adlerian Counseling and Psychotherapy", Paperback, 1987

DREIKURS Rudolf: "Le défi de l'enfant" , Collection Réponses, Laffont 1972
      - "La psychologie adlérienne", Bloud & Gay, Paris 1971
      -" Fundamentals of Adlerian Psychology ", Paperback, 1989

ELLENBERGER, Henri, « A la découverte de L'Inconscient », Simep, Villeurbanne, 1974

FARAU y H. SCHAFFER : "La psychologie des profondeurs des origines à nos jours " Payot, Paris 1960

GANZ, Madeleine "La psychologie d'Alfred ADLER et le développement de l'enfant" - Delachaux et Niestlé - 1935

307

307

GARZONIO, I.E. y VOLTINI, A.: "El Complejo de Inferioridad", 1973

GREY, Loren: "Alfred Adler, the forgotten prophet: a vision for the 21st century", Hardcover, 1998

GRIFFITH, Jane: "An Adlerian lexicon: Fifty-nine terms associated with the Individual Psychology", Paperback, 1984

HOFFMAN, Edward: "The drive of self: Alfred Adler and the founding of Individual Psychology" Paperback, 1997

LACUEVA, Francisco: "Cómo beneficiarse del Complejo de Inferioridad"

LAM, Stephen: "Pocket manual of diferential diagnosis", 1982

LOPEZ-ARIÑO, Juan José: "El español y su Complejo de Inferioridad", 1970

-LUNDIN, Robert W.: Alfred Adler's basic concepts and implications", Paperback, 1989

MANASTER, GuyJ.: "Individual Psychology: Theory and Practice", Paperback, 1982

MEIER, Michael: "A quick reference to using early recollections in psychological assestment of personality disorders", 1988

MORMIN Georges et VIGUIER Régis:"ADLER et l'a dlérisme", PUF, Collection "Que-sais-je", 1990 - N°2558

-"La théorie analytique adlérienne" -
Masson - 1993

MOSAK, Harold H. : "Alfred Adler: his influence on Psycology today", 1973

NADAUD Lionel: "Actualité de la pensée d'Alfred ADLER" Tesis doctoral, Paris V 1990
-"Alfred ADLER : des sources au rejaillissement actuel de la Psychologie Individuelle", Editions Erès, Toulouse 1994.

NEUMAN, J. : « Carácter neurótico, neurosis y la Psicología Individual", Bibliográfica Argentina, Buenos Aires 1955

NIKELLY, A. G. : "Techniques for behavior change: applications of adlerian theory", 1979

ORGLER, H : "Alfred ADLER et son oeuvre" Introduction du Pr J. LHERMITTE. Tradución M. DREYFUS "Ce qu'ADLER a vraiment dit", Marabout 1974

PAINTER, Genevieve: "Alfred Adler: as we remember him", Paperback, 1988

PAULMIER, Bernard: "Oskar SPIEL (1892-1961). Son apport psychopédagogique lors de la réforme scolaire de la "Vienne rouge". (1918-1934) Tesis doctoral, Paris V 1991.

ROM, Paul : « Alfred Adler's Individual Psychology and its history

RULE, Warren : « Lifestyle counseling for adjustment to disability » 1983

SCHAFFER, Hebert : "Les dix grands de l'inconscient" ,
« Alfred Adler » CEPL, 1973
- "Dictionnaire de l'inconscient" ,
    CEPL
- "Vie et oeuvre d'ADLER" Collection
    Médecine et Psychothérapie, Masson ,
    París1976
- "La psychologie d'ADLER"
    Collection Médecine et
    Psychothérapie, Masson , París1976

SHERMAN, Robert : « Systems of Family Therapy : an
adleriam integration », Hardcover, 1987

SHULMAN, Bernard H.: "Manual for Life Style Assesment",
Paperback, 1988

SICHER, Lidia y DAVIDSON, Adele, Paperback, 1991

SPERBER, Manès: "Alfred ADLER et la psychologie
individuelle", Collection Idées, Gallimard, 1972.
-« Masks of loneliness », 1974

SPERRY, L. Y CARLSON, Jon: "Psychpatology and
Psychotherapy: From Diagnosis to Treatment", 1992

SPIEL, Oscar: "La doctrine d'Alfred ADLER dans ses
applications à l'éducation scolaire", Payot, Paris 1954

SWEENEY, T.J. : « Adlerian Counseling : A practitonier 's
approach », Hardcover, 1998
- "Adlerian Counseling: a practical
    approach for a new decade",
    Hardcover, 1989

- "Adlerian Counseling: proven concepts and strategies", 1981

-

VIREL, André: "Vocabulaire des psychothérapies" , Fayard 1977.

- "Herbert SCHAFFER, disciple et continuateur d'Alfred ADLER", Société Française de Psychologie Adlérienne, 1981

VIGUIER, Régis : "La spécificité de la pensée d'ADLER" Tesis doctoral Paris VII, 1987
-"Au seuil de la psychologie des profondeurs, Etude comparative de JANET et d'ADLER" Tesis doctoral, Sorbonne. Ecole pratique des Hautes Etudes,1993.

WAY, Lewis: "Comprendre Alfred ADLER", Collection Pensées, Privat, Toulouse 1972

. WEDGE, Florence : « Dios y tu complejo de Inferioridad « , 1971

311

FERNANDO JIMÉNEZ HERNÁNDEZ-PINZÓN

Nacido en Sevilla. Doctor en Filosofía y Ciencias de la Educación por la Universidad Complutense de Madrid, Doctor en Filosofía por la Universidad del Paraguay, Licenciado en Filosofía y Letras por la Universidad Complutense, Licenciado en Psicología por la Universidad de Sevilla, Licenciado en Teología, Diplomado Superior en Psicología Clínica y en Grafopsicología. Ha realizado estudios especializados de Psicopatología, Psicoterapia y

313

Psicoanálisis en la Universidad de la Sorbona de París. Ha sido profesor de Psicología en la Universidad del Paraguay, en la Facultad de Económicas y Empresariales de Córdoba, y en la Escuela Universitaria de Formación del Profesorado de Córdoba. En esta ciudad realiza actualmente su actividad profesional de Psicólogo Clínico y Psicoterapeuta. Ha sido miembro del **Centro de Estudio y Aplicación del Psicoanálisis** de Madrid, integrado en la F.E.A.P. **Federación Española de Asociaciones de Psicoterapia,** y de la **Sección de Psicoanálisis** de la "American Psycholigical Association". Es Presidente de Honor de la **AEPA "Asociación Española de Psicología Adleriana".**

Ha impartido numerosos cursos, seminarios y conferencias, en España y en el extrajero, sobre temas de Psicología educativa, Dinámica de Grupos, Psicoterapia, Psicoanálisis y también sobre temas de Literatura.

Premio Zenobia Camprubí" por su trabajo "Dios deseado y deseante, último libro de Juan Ramón

Jiménez", finalista al I PREMIO DE NARRATIVA DE LA XV FERIA DEL LIBRO DE ALMERIA por su poema-relato "La viña florecida", Finalista al XXX PREMIO MUNDIAL DE POESÍA MÍSTICA *FERNANDO RIELO* por su poemario "Si por vosotros ha pasado", y FINALISTA AL XXXIV PREMIO MUNDIAL DE POESÍA MÍSTICA *FERNANDO RIELO*, por su poemario "Contemplación para alcanzar amor". Es Académico correspondiente por Moguer de la **Real Academia de Buenas Letras, Ciencias y Nobles Artes** de Córdoba y Presidente de honor de AEPA, Asociación Española de Psicología Adleriana.

OTRAS OBRAS DE FERNANDO JIMÉNEZ H.-PINZÓN

"La Comunicación Interpersonal" (3 ediciones) , Ed. ICCE, Madrid
"Técnicas Psicológicas de Asesoramiento y Relación de Ayuda", Ed.
Narcea, Madrid.

 315

"Viajes hacia uno mismo" (2 ediciones), Ed. Desclée de Brouwer,

colección Serendípity, Bilbao.

"Seminario de Comunicación y Creatividad" Publicaciones del I.C.E. de la Universidad de Córdoba.

"La Fantasía como Terapia de la Personalidad" (2 ediciones) Ed. Desclée

de Brouwer, colección Serendípity, Bilbao.

"A corazón abierto" Ed. Desclée de Brouwer, colección Serendípity, Bilbao.

"Psicoanálisis para educar mejor", Ed. Desclée de Brouwer, colección

Serendípity, Bilbao.

"Complejo de Inferioridad. Enfoque terapéutico y psicoeducativo" (Compendio de la Psicología Individual de Alfred Adler) Editorial La Buganville, Barcelona.

"La viña florecida" (poema-relato) Ed. BmmC, Málaga.

"Valores para vivir y crecer" Ed. San Pablo, Madrid.

"Animal de deseos", Editorial Deauno.com, Buenos Aires.

"Anna, mi amiga" (Ensayo biográfico novelado sobre la hija del fundador del Psicoanálisis) Editorial Libros En Red, Argentina.

"Sigmund Freud. Biografía de un deseo", Editorial Libros En Red, Buenos Aires.

316   316

"Juan Ramón Jiménez, un dios desconocido", Editorial Deauno.com, Buenos Aires.

"La voz del viento: Cuaderno de recuerdos y añoranzas)" (Poemas) Edición privada.

"La Práctica del Consejo Psicológico (según los principios y metodología del *Counseling* de Carl Rogers"), Editorial ECU, Alicante.

"Tu Personalidad es tu Escritura", Editorial Club Universitario-ECU, Alicante.

"Construye tu pirámide", rd editores. Sevilla.

"Por el Laberinto del Minotauro (Claves del Psicoanálisis para entender el funcionamiento mental y sus perturbaciones)", Editorial Deauno.com, Buenos Aires.

"Un porqué para vivir", Editorial Deauno.com, Buenos Aires.

"Encuentros en el Ágora", coautor: José Mª Carrascosa. Editorial Deauno.com, Buenos Aires.

"Por los antiguos surcos", coautor: José Mª Carrascosa. Editorial Deauno.com, Buenos Aires.

"Cartas de Zenobia o el vuelo de un hada", Editorial Club Universitario-ECU, Alicante.

"En la arboleda de los sueños (La aventura de leer)", coautor: Julia Victoria Jiménez Vacas Editorial Club Universitario-ECU, Alicante.

"Los colores del agua (Diálogo a tres bandas)", coautor:es José Mª Carrascosa y Antonio Espinosa. Editorial Deauno.com, Buenos Aires.

"Microrrelatos histéricos", Imcrea editorial, Badajoz

"Anna Freud, una mujer y un destino", coautor: Julia Victoria Jiménez Vacas Editorial Club Universitario- ECU, Alicante.

"Acabarás teniendo alas (Microrrelatos)", Editorial Club Universitario- ECU, Alicante.

"Cada día, una vida", Editorial Bubok (digital)

"Del amor y la vida (microensayos para pensar, crecer y soñar)", Editorial Lulú (digital)

"Conferencias de psicología y literatura", Editorial Lulú (digital)

"Dios está azul", Imcrea editorial, Badajoz

"En el amor y el mito" (poesía), Editorial (digital).

"Si oyes la voz del viento", Editorial Blurb (digital)

"Igual si fuera un sueño" (poesía), Editorial Blurb) (digital)

"Seminario de recursos psicoterapéuticos", Editorial Lulú (digital)

"Taller: Estructura y dinamismo de la personalidad", Editorial Lulú (digital)

"Taller de crecimiento personal: Tu "Yo" y su Sombra", Editorial Lulú (digital)

"Diario íntimo de un psicoterapeuta", Editorial Lulú (digital)

 318

"Freud: las claves del deseo", Editorial Bubok (digital)

"Taller de *Focusing*", Editorial Lulú (digital)

"Taller de Psicoanálisis y educación" Editorial Lulú (digital)

"Taller de Psicología Individual de Adler", Editorial Lulú (digital)

Taller de Lingüística y Psicología, . Editorial Lulú (digital)

Curso de Introducción a la Psicoterapia Dinámica y Humanística, . Editorial Lulú (digital)

Prácticas psicológicas para conocernos y triunfar, Editorial Lulú (digital)

Test Grafológico (Método de aplicación directa), Editorial Lulú (digital)

LA FORMACIÓN DEL PSICOTERAPEUTA. Curso de Counseling y Psicoterapia, Editorial Lulú (digital)

Taller de Psicodiagnóstico: La interpretación de las "Manchas de tinta", según el Z-Test, Editorial Lulú (digital)

"Test Grafológico (Método de aplicación directa)", Editorial Lulú (digital)

"Curso-Taller de ANÁLISIS TRANSACCIONAL". Editorial Lulú (digital)

"Diario de estío, con hojas del otoño". Editorial Lulú (digital)

"Dos conferencias sobre el amor". Editorial Lulú (digital)

Taller de Psicopatología para psicólogos. Editorial Lulú (digital)

"De amor, mitología y pensamiento". Editorial Lulú (digital)

"Individualismo Solidario". Editorial Lulú (digital)

"Tres conferencias sobre Freud: Las claves del deseo".Editorial Lulú (digital)

"Ejercicios Espirituales y Psicoterapia". Ed. Lulú (Digital)

"Los ríos sonorosos (Divagaciones sobre arte, belleza y poesía)". Ed. Lulú (digital)

"Ignacio de Loyola, PSICOLOGÍA Y ESPIRITUALIDAD". (5 conferencias) Ed. Lulú (digital)

"Psicología y Espiritualidad. EJERCICIOS ESPIRITUALES (5 conferencias) Ed. Lulú (digital)

"Cuando la luz se enturbia" Ed. Lulú (Diital)

Made in the USA
Coppell, TX
04 January 2022